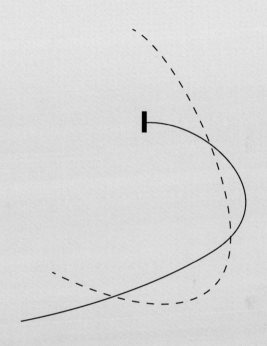

大学教育智慧论

陈飞虎/著

教育科学出版社
·北京·

出 版 人　李　东
责任编辑　张　璞
版式设计　孙欢欢
责任校对　贾静芳
责任印制　叶小峰

图书在版编目（CIP）数据

大学教育智慧论/陈飞虎著. —北京：教育科学
出版社，2016.12
　（教育博士文库）
　ISBN 978-7-5191-0879-3

　Ⅰ. ①大…　Ⅱ. ①陈…　Ⅲ. ①高等教育—研究　Ⅳ.
①G64

中国版本图书馆 CIP 数据核字（2016）第 280434 号

教育博士文库
大学教育智慧论
DAXUE JIAOYU ZHIHUILUN

出版发行	**教育科学出版社**	
社　　址　北京·朝阳区安慧北里安园甲 9 号	市场部电话　010-64989009	
邮　　编　100101	编辑部电话　010-64981232	
传　　真　010-64891796	网　　址　http：//www.esph.com.cn	
经　　销　各地新华书店		
制　　作　北京金奥都图文制作中心		
印　　刷　北京玺诚印务有限公司		
开　　本　169 毫米×239 毫米　16 开	版　　次　2016 年 12 月第 1 版	
印　　张　12.5	印　　次　2016 年 12 月第 1 次印刷	
字　　数　156 千	定　　价　32.00 元	

如有印装质量问题，请到所购图书销售部门联系调换。

作 者 简 介

陈飞虎，男，1971年生，湖南祁东人，湖南商学院副教授。先后于湖南师范大学修读汉语言文学、语文课程与教学论、高等教育学专业，2011年6月获教育学博士学位。从事过中学教育、成人教育、高职教育、普通本科教育等不同教育类型的教学及教学管理工作，主要研究领域为高等教育哲学、大学课程与教学论。发表学术论文30多篇，编著教学用书15部，主持湖南省教育规划课题和教研教改课题4项、校级重点课题2项，作为主要成员参与完成国家级课题4项、省部级课题6项。坚信大学应该以思想改变世界，喜欢在教学中开阔学生的视野，帮助学生追求灵动而智慧的生活。

摘　要

　　我们生活在一个问题不断的时代，如暴力、冲突、贫困、环境恶化、物种灭绝、自我中心主义等。人类的历史越来越成为知识与问题之间的竞赛。于是，人们普遍认为读大学的目的是要获得知识。但知识不能解决所有的问题，知识社会也不是我们的终点，知识社会必将向智慧社会演变，而高等教育是推动这个演变的主要力量。这个演变的过程对大学教育而言意味着什么呢？什么是最好的回应呢？为此，就需要更清醒地面对自己和认识自己，寻找一个支点来追寻生命意义更高的境界，即大学自身对自身的觉悟。这个"支点"就是智慧。

　　大学教育最重要的任务是用一种严格而有效的方式帮助人类学习和了解如何建设一个更美好的世界。因此，大学教育需要进行整体变革，其最高目标是发展和引领人类的智慧。这是大学教育的存在价值与超越性需要，也即大学教育的自我实现。面对信息化、知识化、全球化、多样化、市场化等机遇与挑战，在超凡目标与服务不完美现实世界的压力之间，在自身力量与外界的限制之间，现代大学如何在秉承厚重历史的基础上发挥自身的榜样作用呢？这考验着大学教育的智慧。

　　智慧不是单一的，它是人类一种比较高级的认识、实践和生活方式，具有高度的灵活性和创造性，是一种高于寻常的存在，是对待世界的整体呈现状态。深入学习是通向智慧的基石，智慧更是认知、动机、情感、道德和个性人格等几个方面的综合，是一种自我觉悟的自由之境，充满着生命的活力。智慧可以使我们寻求一个更好的世界，包括世界本身和生活在其中的人的状况。

信息、科学、知识、哲学、智慧是相互交织的，但从总体而言，是依次递进的，并最终导向智慧。从这个意义上来说，哲学与智慧最接近，而大学则与哲学和智慧最接近。哲学是智慧，但智慧并不仅仅就是哲学。智慧之所以具有最终的价值，是因为融合了科学和哲学的价值而又不单关乎科学与哲学。大学教育追求科学、知识、哲学的目的是促进智慧。大学教育智慧是大学通过历史积淀及其自我成长过程中所生成的包括教育认知、思辨、意志及教育伦理德性在内的整体活动中所体现出来的最佳心理结构、精神力量与行动能力。大学教育智慧是思与行相结合的综合实践智慧，将大学教育智慧仅仅局限于哲学智慧、教学智慧或将理性智慧与德性智慧分离，只会导致大学教育离智慧越来越远。

智慧可分为两大类，有个人的智慧，也有社会机构的智慧，即集体智慧。作为引领个人和社会智慧的社会机构，大学教育要传播和培育学生的智慧，自己首先要有智慧。因此，大学教育的两大主要任务，一是拥有自身的智慧，二是促进学生智慧的发展。大学应为自己提供实际的机会来了解和探讨大学教育实践活动的本体论、认识论，以及政治、经济、技术和历史的问题，以此为基础来发展自己的实践智慧。而只有"无缝校园"才可能促进学生智慧的发展并让学生成为自己。建立一个整合学生整体经验的"无缝校园"，需要正确认识和处理教师与学生的关系，知识传授与思维训练的关系，自然环境与人文环境的关系，过去、现在与未来的关系等。

大学是一个生长着的"生命有机体"，大学教育是生命的高级活动，是人向上发展的需要。在这个过程中，促进生命的灵动、引领社会智慧是大学教育的最终目的和内在灵魂。但当今的大学教育割裂了知识与追求生命热情之间相互联结的红线，问题不断，弊端多多。唯有科学、哲学、艺术、创造的融合才是支撑大学教育之魂的大学教育之体，才能促进大学教育生命本性的回归与自我实现，也即大学教育智慧的体现。

关键词：大学；大学教育；智慧

ABSTRACT

We live in an era full of problems such as violence, conflict, poverty, environmental degradation, species extinction, self-centered and so on. The history of mankind is increasingly becoming a race between knowledge and issues. Thus, it is generally believed that the purpose of entering university is to obtain knowledge. But knowledge can not solve all problems, the knowledge society is not our end, the knowledge society will evolve to the intelligence community, and higher education is the main force driving this change. What does this evolution mean in terms of college education? What is the best response? So, we need to face to and recognize ourselves more clearly, and look for a fulcrum to search for the higher realm of the meaning of life, which is the university's awareness of its own. The "fulcrum" is wisdom.

The most important task of college education is to use a rigorous and effective way to help people to learn and understand how to build a better world, therefore, the college education needs a whole innovation, and the highest goal is to develop and lead the human intelligence. This is the value of college education and the need for transcendence, and it is also the self-realization of college education. Facing to the opportunities and challenges of information, knowledge, globalization, diversification, market, between the extraordinary goals and the pressure of servicing for the real world which is not perfect, between their own strength and the restrictions of the outside world, how the modern university plays their own model role, adhering to the heavy genetic basis? This is a test of the wisdom of college education.

Wisdom is not a single thing, it is a more advanced style of human understanding, practice and life with a high degree of flexibility and creativity, a kind of existence higher than the usual, the whole state of treatment to the whole world. In-depth study is the cornerstone leading to wisdom, critical thinking and ethical virtue are the wisdom companions. Wisdom is comprehensive of knowledge, motivation, emotion, moral and personal character and several other aspects, is a free land of self-consciousness and it's full of the energy of life. Wisdom allows us to seek for a better world, including the world itself and life situation of the people in it.

Information, science, knowledge, philosophy, wisdom are intertwined, but in general, they develop one by one and eventually lead to wisdom. In this sense, the philosophy is closest to wisdom, and universities are closest to the philosophy and wisdom. Philosophy is wisdom, but wisdom is not just philosophy. Wisdom possesses the ultimate value, because it is integration of the value of science and philosophy, but is not just related to science and philosophy. The purpose of college education pursuing for science, knowledge, philosophy is to promote wisdom. Wisdom of college education is through the university history and process of growth, generating the best mental structure, mental strength and ability to act reflected by overall, including education awareness, reasoning, will, virtue ethics and education activities. College education wisdom is a practical wisdom combined with thinking and action, and is not equivalent to philosophical wisdom, teaching wisdom or metaphysical wisdom, ethical wisdom. The essence of narrowing will result in a longer distance between wisdom and college education.

Wisdom can be divided into two categories, not only personal wisdom, but also the wisdom of social institutions. As the social institutions leading personal and social wisdom, universities must have their own wisdom before they spread and nurture students' wisdom. Therefore, there are two main tasks of college education, the first one is to own its wisdom, and the second one is to promote students' intellectual development. Universities should provide real opportunities for themselves to understand and probe into university education practice's ontology, epistemology, and political, economic, technical and historical issues as a basis to develop their own practical wisdom. It can be possible only with the "seamless campus" that promoting the development of students' wisdom and letting them be themselves. To create a "seamless campus", which is integration of the overall experience of students, needs us to correctly understand and handle the relationship between teachers and students, teaching knowledge and training mental, the natural environment and human environment, as well as past, present and future.

University is a growing "living organisms", university education is an advanced vital activity, and the need for human to be upward. In this process, to promote the Smart life and to lead the social wisdom is the ultimate goal and inner soul of college education. But today the college education split the connection between knowledge and the pursuit for passion of life, resulting in lots of problems and shortcomings. Only the integration of science, philosophy, art and creation can serve as the body of the college education which supports for the soul of college education, can promote the university education's nature regression and self-realization, that is the reflection of wisdom of college education.

Key Words: university; college education; wisdom

目 录

前　言

2015 年 1 月 23 日，中共中央政治局举行了 2015 年开年以来第一次集体学习，学习的主题是"辩证唯物主义"。习近平强调，要学习掌握唯物辩证法的根本方法，不断增强辩证思维、战略思维能力，提高解决改革发展基本问题的本领。我们的事业越是向纵深发展，就越要不断增强辩证思维能力。2013 年 12 月 3 日，中共中央政治局集体学习的是"历史唯物主义"。辩证唯物主义解决的是世界观和方法论的问题。历史唯物主义解决的是社会观和历史观的问题，即怎样看待事物和发展的问题。思想立党一直是我党的重要历史经验。在全面深化改革的重要关头，大家一起学学哲学，谈谈理论，可谓意义非凡。哲学与政治是如此的密切！那哲学与教育呢？

哲学是通向智慧的根基。哲学与政治的密切联系通向政治智慧，哲学与教育的密切联系自然能够促进教育走向智慧。

人类分居各地，经历与体验不同，表达方式及行为习惯也各自有异，所形成的文化更是有天渊之别。传统中国政治及社会的构建、国人心灵的塑造，无不渗透着传统智慧的深刻影响。可以说，中华民族文化生命的发展史，就是传统智慧在不同的历史情境中不断更新、重塑的历史。而中国文化之所以能够薪火相传而无断裂，则有赖于我国传统教育的智慧之功。

人类历经数百万年，在悠悠的历史长河中，累积了一些极有价值的观念。这些观念如不能以某种方式汇聚保存，势将散失无踪，于是有识之士便有了兴办大学的冲动。今天我们所见的大学，在世界上呈现出如此丰富的多样性，可谓异彩纷呈。这种多样性源自何处？多样性当中有没有一个共同的旨归？这是一个值得思考的问题，需要我们进行一场穿越时空、跨越学科的"追踪"。我们需要把近年来科学、哲学、人类学、社会学、伦理学、经济学、政治学、历史学、艺术学、心理学、教育学等不同领域的知识进展整合到一个问题框架中来，需要在一团乱麻中找寻大学及大学教育发展的脉络。

尽管自然科学已经非常成功地为我们增加了知识，增强了我们行动的力量，但它在造福人类的同时也造成了人类的困境，使得人们迷失了方向，缺少判断能力，分不清事物的好与坏，行事全凭感觉与印象。这些问题的出现，都是现代科学缺乏哲学引领，进而缺乏智慧的结果。同样，教育也在"唯科学是求"，忽视了学人之间的多样性和美妙异常的细微差别。大学教育更像工业制造而远离了根本意义上的"农业规律"。在西学的冲击下，传统教育的智慧逐渐瓦解，中国大学教育丧失了共同的价值认同而陷于"精神分裂"。"精神分裂"的中国大学教育在文化上已失去了灵魂，也就只能对所谓的"科学"亦步亦趋，丧失了自身觉悟的能力。

但作为一个具有悠久历史的超大规模的社会机构，大学终究不能一直在"蒙昧"中前行，尤其是随着国力的日益增强，如何重新认识自身，并在此基础上重塑自身以实现大学教育之科学、哲学、艺术、创造的高峰汇合，便成为当下至为紧迫的课题。而要回应这一时代提出的要求，完全求助于他种文化或学科显然是行不通的，而只能回到大学教育自身，重新续接大学教育自身的文化生命，而这个目标的实现有赖于大学教育之智慧的促成。

欧美大学尚未能够"征服"世界，中国和世界其他地区的大学也正在迅速崛起。为什么今天世界各地的大学发展会如此迅速、如此多样？这个问题的原点就是：大学即是智慧学，大学教育与智慧最接近。为什么当今中国大学教育问题多多？对这个问题的主要切入点在于：我们应当揭示大学教育在各个不同时期曾经接近或者脱离智慧到了什么地步，以及要达到智慧状态还应该做些什么。

该书是在本人2011年博士毕业论文基础上的"修补"：绪论部分做了大幅精简，更加清晰明了；正文部分力图保持原样，然其中多处文字不够严谨，幸得审稿专家的指点，已一一改正。

我的导师张楚廷先生认为我的毕业论文是真正的学术论文，而不是所谓的专业论文，有哲学品位。湖南师范大学刘铁芳教授称我对大学教育的研究另树一帜。湖南大学胡弼成教授和湖南师范大学孙俊山教授认为我的毕业论文有散文的形式与论文的内容，有点灵动的感觉。华中科技大学刘献君教授认为我的毕业论文体现了智慧。

毕业论文答辩前，一位外审专家对我的论文做如是评论："大学是人类文明航行的灯塔，没有哪个社会组织需要像大学一样承载如此多而神圣的使命，从而使人类文明的进程更顺畅，至少不至于过度迷失。因此，大学必须海纳人类智慧，同时开启人类智慧。本文作者针对当下大学日益缺失智慧的现象，探索大学教育智慧的真谛，不仅是当下所需，更是长远所求。作者以拳拳之终极价值理想，犀利稳健之笔锋，从追问大学存在于生命生长的意义入题，高呼智慧是大学教育的最高目标的主张，进而以作者本身的智慧去洞悉智慧的特性与大学教育智慧的要义。为了促成大学从无智到有智的转化，还在检讨反思的基础上，提供了通过科学、哲学、艺术与创造的融合来彰显大学教育智慧的可行之径。字里行间不仅可以深刻地感受到作者对生命的无比热爱以及对践踏生命的种种不满，而且还可以领略到作者的智慧之光。总之，本文不但文风感人，而且智慧服人，故为优秀之作。"

我不知道这位专家的尊姓大名，也不知道他在哪个学校任教。这位专家是如此地懂我的文字，进而通过文字理解了我对教育的执着与热爱。这份懂得与理解，我引以为知己并以之为豪。于是，就以这位不知名、未谋面的专家之言做该书的荐言吧。

2011年9月的某天，我的导师张楚廷先生告知我的论文被评为了学校的优秀毕业论文。致谢之后，我说："西方大学的一些教授们正在开展智慧的实证研究呢。"先生回应说："那我们更应该多加强理论性的思考。"先生的期盼，我铭记在心。

好的作品至少需要三方面的融合，一是有真思想，二是有真内容，三是有真趣味。"三真"在前，路途仍远，谨以此书探路。

陈飞虎
二〇一六年春日于长沙

第一章　绪　论

第一节　研究的缘起与意义

信息、科学、知识、哲学是相互交织的，但从总体而言，它们是依次递进的，并最终导向智慧。智慧既是西方人的价值和生活追求，也是东方人的人生理想，蕴含着丰富而深刻的内容。

人们向往并盼望着人的不断发展与社会的不断进步。尽管人们的愿望无比强烈而执着，但现实与理想总存在一定的距离：人们一边寄厚望于大学，一边加速并加深大学的功利化和片面化。大学教育问题由是产生，人们对大学教育智慧的呼声因此也日渐强烈，而人们对大学教育智慧本身的研究还很不够。因此，对大学教育智慧的研究具有重要的理论和实际意义。

一、大学场域的变迁呼唤大学教育智慧观

大学场域是变迁的。作为相对独立的场域，大学场域的主体是教师和学生，基本活动是教学和科研，运行逻辑是高深知识，而师生主体因素的变化、知识逻辑的转型必然引发大学场域的变迁。在大学场域的变迁中，欧美大学试图"征服"世界，中国和世界其他地区的大学也正在

迅速崛起。世界各地的大学发展迅速而多样，同时，问题也层出不穷，特别是当今中国大学教育问题多多。这为大学教育之智慧追寻、生成与发展等提供了广阔的背景与视角，人们对大学教育智慧的呼声也一浪高过一浪。

二、大学教育智慧的构建对于大学和社会发展而言具有战略性、基础性地位

知识社会不是我们的终点，知识社会必将向智慧社会演变，而大学是推动这个演变的主要力量。大学教育最重要的任务是用一种严格而有效的方式帮助人类学习和了解如何建立一个更美好的世界。因此，大学教育需要进行变革，其最高目标是发展和引领人类的智慧。这需要回到一个基本的问题上来：大学及大学教育自身需要智慧，并通过培育学生来发展人类社会的智慧。因此，探讨大学教育之智慧观念、问题与路径等对当今及未来大学教育和社会发展而言具有战略性和基础性的价值与地位。

三、大学教育研究的迫切需要

历史和逻辑证明，大学就是智慧学，大学教育与智慧最接近。大学教育是大学基本活动的统称，是大学变革与发展的实践过程。大学教育是促使人们"自由自觉"进而走向智慧的最佳方式与途径。因而，我们有责任和义务来探究大学教育在各个时期曾经接近或者脱离智慧到了什么地步，以及要达到智慧状态还应该做些什么。大学教育智慧是大学通过历史积淀与成长过程所生成的包括教育认知、思辨、意志及教育伦理德性在内的整体活动所体现出来的最佳心理结构、精神力量与行动能力。在超凡目标与服务不完美现实世界的压力之间，在自身力量与外界的限制之间，人们对我国大学教育之智慧的呼声日渐强烈，而对大学教育智慧的认识与研究却又明显不足。

四、我国大学教育自身内在发展的要求

随着大学教育职能的不断分化与扩张，今天的大学已不再是一个单纯的从事教学活动的场所，已经分化为类型多样、功用多重的"知性复合体"。面对全球化、知识化、信息化、多元化、市场化等机遇，从学术伦理到学术自由，从教师的责任到学生的本分，大学教育的价值在各个方面都面临着挑战，如政治力量不降反升，学术研究和教学质量日益受到质疑，等等。人们越来越担心激烈的市场竞争环境以及这种环境中形成的知识经济会将我们的学术价值与传统抛诸一边，这将会摧毁我们的大学。这些挑战会给大学教育带来哪些变化？大学教育究竟应该怎样应对？这意味着一个创新的大学教育时代已经来临。就当今我国大学场域而言，对智慧的追寻是解决我国大学教育自身问题的"牛鼻子"。只有拥有我们自己的"大学教育智慧"，我国大学教育才能蒸蒸日上，才能引领社会不断发展。

第二节　国内外研究状况综述

只有拥有智慧的大学教育才能将大学的理想与使命、大学的运行原则以及大学的职能等相互交融，并形成合力。大学教育智慧之探索是一个艰难的课题，需要学识、经验和心力的积累。国内外学者对大学的发展史、大学的理想与使命、大学的运行原则以及大学的职能等方面研究得较多且较细，对本论题涉及的关联词，如知识、智力、实践、智慧、实践智慧、教育智慧等也有较多的研究，但直接以"大学教育智慧"为题进行系统探讨的几乎没有。现将与大学教育智慧相关的国内外研究状况综合述评如下。

一、国外相关研究的梳理及研究动态

古希腊时期的数学家、哲学家毕达哥拉斯（Pythagoras）首创集政

治、学术、宗教于一体的学园，提倡把智慧作为生活追求的对象，并且把"爱智慧"作为毕达哥拉斯学园的宗旨和生活方式，对希腊及西方文化教育的发展形成了极其深远的影响。

按时间分类，西方对智慧的探求可分为四个主要时期：前哲学时期［苏格拉底（Socrates）之前］、古典时期［以苏格拉底、柏拉图（Plato）、亚里士多德（Aristotle）、斯多葛学派（The Stoics）哲学家为代表］、基督教时期和现代时期。前三个时期分别以理性精神、哲学精神和神学智慧为主，偏重于哲学上的探讨。而现代西方学者认为，智慧与德性、自由以及生命价值等是密不可分的，侧重于心理学上的探究。

西方正在掀起探求智慧的高潮，最有代表性的主要有麦克唐纳（Copthorne Macdonald）的"智慧网"（www.wisdompage.com）、布朗（Scott C. Brown）的智慧发展模型、特罗布里奇（Richard Hawley Trowbridge）的博士论文《通向智慧的科学方法》。麦克唐纳的"智慧网"汇编了各种与智慧有关的在线文本和促进智慧的组织信息；布朗（2004）关于智慧发展的模型提出了直接或间接促进大学生全面发展的四大便利条件；特罗布里奇（2005）认为，今天比以往任何时候都更需要智慧，如何行使智慧已成为人类面临的最大挑战。特罗布里奇在基于进化的解释学与理论心理模式的基础上，对智慧及促成智慧的科学方法进行了实证研究。

随着大学场域与社会关系的演化，西方越来越多的大学正在加入探究智慧的行列。美国加州大学洛杉矶分校（University of California, Los Angeles）比较高等教育研究室主任克拉克（Burton R. Clark, 2001）教授指出："如果说近代大学是一座知识的动力站，那么一个国家发达的高等教育系统就是一个规模大了很多倍的智慧力量中心。"西方社会和大学对智慧的需要在不断加深。芝加哥大学（Univevsity of Chicago）甚至设立了200万美元的基金，对智慧的性质和价值展开研究。现代西方大学正在通过学术研究和教学革命展开追寻智慧的高潮：一是学术研究和教学致力于促进人类的福祉；二是学术研究和教学的基本任务是帮助人们发展更具智慧的世界。在近 20 年，西方大学不断建立关注社会政策、环境恶化、气候变化、贫困、不公正、战争、医疗道德和居民健康等问题的部门、机构和研究中心，高度关注并力图解决时代的迫切问题；同时，建设融严谨的学术学习、令人兴奋的发现、智力刺激与支持于一体的多元化校园文化来培育学生，寻求发展每一个大学生的思想与能力，尽可能培养有个性、有智慧的人。

对智慧的追寻，西方未来学家史密尔（Rick Smyre）称之为人类社会的第二次"启蒙运动"。近年来，关于智慧的心理学研究在美国、加拿大、德国和其他地方蓬勃发展。西方专家学者除了从理论上对心目中智慧的概念与结构进行阐述外，部分研究者还在实证调查的基础上建构出各自的智慧心理学理论，还有一些研究者开展了丰富的智慧教育实验。特别是 21 世纪以来，随着研究视域的开阔、研究方法的改进、智慧教育的推动以及认知科学的发展，西方的智慧心理学在智慧外显理论及其研究方法方面取得了重要的进展。西方如火如荼的认知实证研究对大学教育智慧的构建具有重要的借鉴价值。

二、国内相关研究的梳理及研究动态

国人对智慧的探求主要蕴含在中国传统哲学之中。中国传统哲学视野中的智慧主要有孔子的智慧学说、道家的境界论、朱熹的形而上学、王阳明的知行合一、冯契的智慧说等（赵馥洁，1995）。

中国智慧的创新在宏观演替上表现为人文语境随民族精神及其生命智慧的历史变迁而不断转移：先秦是中国智慧的创生期，其标志是人道觉醒、德性独立，以至诸子百家争鸣；两汉是中国智慧的感通期，天人感应，儒教术化为人文语境；魏晋是中国智慧的玄冥期，人文语境是玄远风度，回归自然；宋明是中国智慧的亢龙期，人文语境体现为继绝学、开太平，重建伦理纲常。（方同义，2003）中国传统智慧以其通内外、和阴阳、合天人的和合思维而具有积极的一面，但儒家主流文化过分强调价值智慧而贬低认知智慧，使得中国传统智慧有所缺失。（赵馥洁，1995）

现代学者如赵馥洁（1995）、辜正坤（2001）、靖国平（2002）、方同义（2003）、汪凤炎等（2010）、吕卫华等（2011）、陈浩彬（2013）、刘海鑫（2013）等对智慧的含义、结构、类型特征、中国古代智慧观的历史演变、东西方智慧的差异和集体智慧的形成等方面进行了探讨。

中国传统智慧在教育方面的影响，主要体现在通达民情、化育人心的中国传统教育精神方面。近年来，我国与教育相关的智慧研究文献不少，主要集中在教学智慧、教师教育智慧、教育管理智慧、教学实践智慧开发等方面，但总括起来主要存在两种倾向：一是将智慧局限在哲学范畴之内加以研究与运用，将教育智慧等同于哲学智慧；二是将教育智慧等同于教师的教学智慧，从而走向客观化技术的边缘。智慧的大部分内涵被抛弃了。

随着大学场域与经济社会的互动与变迁，国人对我国当今大学教育问题展开了声势浩大的反思与批判，表达了渴求中国特色大学教育智慧的强烈呼声并进行了建设性的探求。张敷荣（1948）提出大学教育的目标不是知识而是智慧；靖国平（2002）论述了教育的知识性格和智慧性格，并提出应在教育领域里"复兴智慧"；王英杰（2005）提出大学校长要有大智慧；张楚廷先生（2007）认为，"大学是大智大慧相互碰撞的地方"，并从高等教育学原理与实践上进行了不懈的探索。

我国学者对智慧的内涵、特征、类别、形态、生发机理及其促成路径的研究仍处于"散户"阶段，且受西方认知心理学研究影响较深，要想适应大学场域的变迁，构建有中国特色的"大学教育智慧"还任重道远。

第三节 研究的思路和基本内容

本书分别对大学、大学教育、智慧、大学教育智慧等关键词以及涉及的信息、科学、知识、哲学、艺术、知识社会、智慧社会、实践智慧等关联词进行了梳理与探讨，紧扣大学教育智慧的核心范畴，层层递进，节节展开，既自成系统，又前后连贯，同时注重古今中外大学之历时与共时的比较研究，力图准确把握大学教育智慧的内涵与特征，重点探讨大学教育智慧的促成与自我实现状态。

本书共有五大主体部分：第一部分从大学的生命灵性入手，探讨大学教育在知识的渴求与生命的灵动之间的意义；第二部分从高等教育的"知识目的论"、认识论与政治论入手，结合高等教育的智性与德性、理想与现实，探讨大学教育追寻智慧的必要性，提出智慧是大学教育的最高目标；第三部分从智慧的美德与价值入手，对智慧的特性进行了归纳，明确大学教育的愿景与未来，探讨大学教育智慧的主体呈现及内涵实质；第四部分从人类社会的演进与高等教育的作用入手，探析现代大学教育的危机，追寻大学教育自身通向智慧的多维方式以及如何促进学生智慧的发展；第五部分分析科学、哲学、艺术、创造四者之间的关系及其与大学教育的联系，指出大学教育智慧就是一部科学、哲学、艺术交互融合并不断创造的历史。唯有科学、哲学、艺术、创造的高峰汇合才是支撑大学教育之魂的大学教育之体，也即大学教育生命本性的回归与自我实现。

如果把大学教育智慧当作一个具有内在逻辑关系的体系，那么这个体系实际上是由围绕着五个相互关联的主要方面或层面的基本问题构成的：一是回溯教育及其大学的起源，弄清楚大学和大学教育到底是什么；二是从整体上探析人类社会从农业社会、工业社会、信息社会、知识社会并最终向智慧社会演进的基本规律及大学教育的作用与价值，厘清大学教育的价值取向和最高目标；三是探寻智慧的特性和中西方大学教育对智慧追寻的历程，明确大学教育智慧的内涵实质、类别与功能等；四是结合大学教育生命本性和当今大学教育的现状，探寻大学教育特别是我国大学教育智慧的发展策略与路径，即大学教育如何发展自身智慧，如何促进学生智慧的发展，进而从整体上促进人类社会智慧的发展；五是在上述基础上，理想的大学教育智慧状态应该如何或如何体现。

第四节　主要观点和创新

"复兴智慧"是我们这个时代最重要的行动之一。本书在研究视角、研究方法和相关概念方面进行了创新并提出了自己的观点。

一、学术思想

（一）大学是一个特殊存在的"生命有机体"。坚信大学与智慧学具有高度统一性，大学教育回归智慧是回到"自己的园地"，是本与真的回归。

（二）大学教育是促使人们"自由自觉"，进而走向智慧状态的最佳方式与途径，大学理应成为培养人和引领人类社会不断前进的"智慧中心"。

（三）智慧是大学教育持久性的共同客体和最高目标。对智慧的追寻是解决我国大学教育自身问题的"牛鼻子"。我们迫切需要我们自己的"大学教育智慧学"，而不是所谓的"大学知识学"或"大学资本学"。

二、学术观点

（一）创新了智慧概念。信息、科学、知识、哲学是相互交织的，但从总体而言，是依次递进的，并最终导向智慧。哲学是通向智慧的根基，突破了国人对智慧的探求主要蕴含在中国传统哲学之中的局限。

（二）大学教育需要进行变革，其最高目标是发展和引领人类的智慧。

（三）大学教育主要通过培育学生的智慧来发展社会的智慧，而"无缝校园"是培育学生智慧的沃土。现代大学最核心的任务应是更加注重大学教育的整体经验，并将"散碎"的校园学习环境从本质上"无缝"连接起来，构建一个"无缝校园"。

（四）大学教育智慧是个人智慧与集体智慧的共舞，是智性智慧与德性智慧的大合唱，是科学、哲学、艺术、创造的高峰汇合。

三、研究视角

将大学教育的价值、最高目标、主要任务等置于知识社会向智慧社会演进的宏大场域中，为大学教育之智慧追寻、生成与发展等提供了广阔的背景与全新的视角。

四、研究方法

运用发生学研究方法，回溯教育、大学及其大学教育发生发展的历程，探究其中主要的、本质的、必然的因素，以历史和逻辑来证明大学教育回归智慧的适切性与紧迫性。

第二章　生命的灵动与大学的存在

德国哲学家黑格尔（Georg Wilhelm Friedrich Hegel, 1959）说："在这时代里，那前此向外驰逐的精神将回复到自身，得到自觉，为它自己固有的王国赢得空间和基地，在那里，人的性灵将超脱日常的兴趣，而虚心接受那真的、永恒的和神圣的事物，并以虚心接受的态度去观察并把握那最高的东西。"黑格尔对当时性的认识表现了他对时代精神的自觉。今天，我们生活的时代已发展到自由的现代性时代，也是知识、文化内外不断分裂的时代，人们更加渴望寻求精神的归一与性灵的回归。在这个时代，我们的大学教育也在更加迅速扩张，大学与国家及人民的命运更加紧密地联系在一起。在传统与现代之间、保守与超越之间如何创造新的大学精神，建设新的"性灵"家园呢？为此，就需要更清醒地面对自己和认识自己，寻找一个支点来追寻生命意义更高的境界，即大学自身的觉悟。这个"支点"就是智慧。

蒙田（Michel Eyquem de Montaigne）说过，世界上最重要的事情就是认识自我，它已被证明是阿基米德点，是一切思潮的牢固而不可动摇的中心。即使连最极端的怀疑论思想家也从不否认认识自我的可能性和必要性。（卡西尔，2004）[3] "认识自我"是人类的本性。人类一切知识与智慧都来源于人类的这种本性。大学的出现与发展就是人类本性的体现。

因此，对于大学教育智慧的探究必先从认识大学自身开始。

我们从哪里来，到哪里去，这是一个永恒的话题。对于大学教育智慧的研究归根到底也是研究大学从哪里来和到哪里去的问题。大学究竟为什么出现？大学为什么能够生存下来，没有毁灭反而兴旺发达，且渐渐进入社会生活的中心并将继续扮演重要角色？大学里的师生主体又是如何在其间互动？大学教育在知识的渴求与生命的灵动之间有着何种意义？厘清这几个问题是我们进入大学教育智慧研究的前提，因为智慧是以生命为中心的，智慧的发展本质上就是对生命意义的追求。

本章包含的几个关键词有教育、生命、灵动、本真、大学、大学教育、大学精神、自由、个性等，涉及的关联词主要有思想的力量、生命的灵动、教育的起源、教育的神采、知识与生命、大学教育的共在与此在等，关涉的命题主要有教育凸显生命的灵动，教育主要起源于人的自身发展的需要，大学是人创造出来的，大学是人向上发展的需要，大学教育联通知识与追求生命的热情。

第一节 教育：凸显生命的灵动

人类从未停止过自身的生存与发展，而且还将继续生存与发展。人类要想超越已有的知识和生存的界限，必须学会思考。思想让人着迷，人因思想而自我实现。"物质的力量只有通过思想的力量才能显示，思想的力量只有通过教育才能开发。因而，我们可以说，物质的力量依赖于思想的力量，而这一切都来源于人的力量。可是，人的力量的最初和最根本的依赖，就是人所几乎天然地发明出来的教育。""在所有特定的社会现象（如宗教、艺术、产业、科学、政治……）中，与人的关联最普遍、最直接、最亲近、最须臾不可缺失的，是教育。""如果说，人是衡量社会一切的根本尺度的话，那就完全可以说，最有资格代表人作为衡量社会之一切的根本尺度，是教育。"（张楚廷，2009）因为教育最能凸显生命的灵动。

生命本来就是灵动的。宇宙因灵动而演化，地球因灵动而丰富，大自然因灵动而精彩，人类社会因灵动而发展，每个人因灵动而显示出生命的活力、人生的意义。

生命是一种特殊的、复杂的、高级的物质运动形态，是生物体新陈代谢、生长发育、遗传变异和感应运动连起来的一系列演进活动。灵动是生命的本质特征，没有灵动就没有生命。

灵者，神也；灵者，善也。"灵"字有多重意义，既可以指人的精神状态通达神明，又指人的德行善良、行为美好，还可以指动作敏捷、迅速等。用于"灵动"一词，三义合一。"动"字也有很多意思，动作、动态、感应、演变、思想、促进、发展等都与动有关。"灵"与"动"二字连用，生命的灵气与动感毕现。本文所说的人的生命的灵动，指的是心灵的灵性与人性的生动活泼。

人的知识与学问、发明与发现、艺术与创造等，较之理性，更与灵性有关。而如果不受教育，即使有好的禀赋也是靠不住的。我们不难发现，其实在生命灵动与人类教育之间，已经、正在、并且还将继续必然地、全面地、内在地、深刻地发生各种各样的联系。因此，对于教育，我们不得不来一番新的思考。

教育就是要把生命的自然灵动转变成生命的自觉灵动，尤其是人类生命的自觉灵动。良好的教育必然凸显出生命的灵动，导致人生的幸福。教育一旦回归到生命灵动的本真，教育的现实才不会变得这样或那样的严峻。

一、灵动就是教育的神采

大自然本身就拥有丰富的"灵动"现象，如蜂鸟翅膀的高频掀动、雄鹰的高空盘旋、雁阵的"人"字排列、骏马的点地腾飞、落叶与新叶的顺时交替等，就连地球大气以外的宇宙，即便都是无机物的构成，人们也已经惊奇地发现，银河系的巨臂向四周伸展，在不停地进行高速旋转；星光在浩瀚的宇宙空间闪烁，永不停息地急剧穿梭；黑洞在势不可挡地吞噬周围的物质；还有超新星爆炸，等等，造就了整个宇宙的一种神速的运行。所有的这些"灵动"现象，几乎都按照自己的方式自主地进行，都是自身力量的释放和自我自由的表达。

表面看来，对于大自然的神奇，人类几乎无从下手，无从插足。其实，从古老的动物驯养、植物栽培，到今天的物种保护和生态文明；从嫦娥奔月、夸父逐日的神话传说及"欲上青天揽明月"的想象，到人造卫星、载人宇航的文明壮举，等等，人类的教育早已经着眼于"物"的生命的"灵动"。家犬忠诚、鹦鹉学舌、植被供氧、环境宜人，大自然也以生命的"灵动"，不失时机地回报人类的特别关注。从人类个体来看，影响个人生命灵动的基本因素有遗传、环境、教育等。其中，良好的教育又最好地起到了凸显生命灵动的作用。

灵动是教育的最高境界。教育要让人类在充分拥有自然灵动的基础上，进一步拥有人类整体生命的自觉灵动，进一步以短暂的个体生命拥抱大自然漫长进程的"灵动"，而不是窒息人类本来就拥有的灵动气息，摧残已经萌芽的灵动的种子，破坏人类进化而来的灵动种子充分发育而来的人文环境，以及正在到来的真正"以人为本"的灵动教育。

教育不是灌输，不是束缚，更多的是激发和唤醒，激发个体内在的天赋与潜能，唤醒个体的心灵与自由，让学生成为自己。当老师说，"我爱你们"，而学生也爱老师和学校的时候，这才是灵动的教育。教育的神采也就在这之中。良好的教育一定会凸显生命的灵动。良好的教育是导致人生幸福的教育，包括教育活动中参与各方，特别是受教育一方的幸福过程。生命灵动是良好教育的永恒追求。

"教育的最高目的，是要把个人潜伏的心能，尽量引导使之发展。"（杨东平，2003）其实，教育的本意就是"引导"。《说文解字》里说："教，上所施，下所效也；育，养子使作善也。"二字合在一起，含义更加丰富，意思是把身体和心灵内部的某种潜在的东西引发出来，如引出学生的兴趣与需要、信心与梦想，并使之沿着正确的方向尽可能发展。康德（Immanuel kant，2005）将这种教育称之为"导向人格性的教育"：

人格自立、行动自由、能意识到自身的内在价值。引导得法，就是成功的教育；引导不得法，甚至抑制、损伤学生"未发展的胚芽"，就是不好的教育。

如梁漱溟一生都在致力于教育的出路、中国的出路。他在《办学意见述略》中说："我办学的动机是在自己求友，又与青年为友。所谓自己求友，即一学校之校长和教职员应当是一班同志向、同气类的，彼此互相取益的私交近友，而不应当是一种官样职务关系，硬凑在一起。所谓与青年为友，含有两层意思，一是帮着他走路，二是此所云走路不单是指知识技能，而是指学生的整个的人生道路。"（刘琅 等，2004）学校里不应该有官气，也没有官。学校是帮助学生走路的，而教师是直接引导学生走人生之路的，学生的发展自然也就是教师发展的结果，学生的心灵也就是教师与学校心灵的体现。

"教育是心灵与心灵的映照，如果有一方（师生双方，特别是教师一方）俨然以教育者自居，或者误以为自己仅仅是教育者，就不可能有这种映照。"（张楚廷，2007）只讲习一些"知识技能"的教育肯定不是灵动的教育，没有顾及"学生的整个的人生道路"的教育肯定不是有神采的教育，"误以为自己仅仅是教育者"的教育更不是有境界的教育。

对于大学人来说，灵动的学术就是激荡的思想和自由心境的表达，正如法国著名的数学家、物理学家、散文家和哲学家帕斯卡尔（Blaise Pascal，2007）所说，"人的全部尊严就在于思想"。人类应该追求自己的尊严，但绝不是求之于外部的空间和时间，而是求之于自己内心思想的激荡和心境的自由。一个人占有多少土地，如何"万寿无疆"，都不会有真正的尊严，因为宇宙时空囊括并吞并了一切。个人犹如一个质点，这个质点的思想和心灵，却有可能囊括宇宙时空。

人的一切创造，必然来源于或者至少要经历思想上的预设，这是人类建造房子与蜜蜂建造蜂房的不同之处。人类的大脑在建房之前，就构建了房子的思想。古往今来，人的灵动，产生了多少在天地间激荡的思想：古老中华民族的灵动，产生了把深邃的星空分成二十八星宿的东方哲学思想；老子的灵动，萌发了"道可道，非常道"的道家思想；孔子的灵动，萌发了影响中华大地两千多年的儒家思想；司马迁的灵动，创作了"史家之绝唱，无韵之离骚"的《史记》；柏拉图的灵动产生了《理想国》；爱迪生（Thomas Alva Edison）的灵动使他在发明的王国里神速翱翔……

人的灵动产生了自由的心境，也改变了整个世界。灵动，让早期人类从炙热的非洲大陆走向四方；灵动，让地中海的探险船队发现了圆形的完整地球；灵动，让奥运火炬一路领跑环球一心的体育精神；灵动，让东学西传与西学东渐汇流成今天交相生辉的文化合璧；灵动，让人类去征服高山，横跨大洋，去拓展、开发地球……灵动，让身手矫捷，体魄强壮；灵动，让才艺独绝，美轮美奂；灵动，让胸怀开阔，德性高扬；灵动，让目光深邃，智慧畅达……灵动，让古希腊思想美妙绝伦，让古老的东方充满神奇。灵动是生命的本源，灵动是思想的基因，灵动是创造的真谛，灵动更是教育的神采。

二、教育的灵动寓于人的本真之中

现实的教育确实不容乐观。当幼儿园的小朋友说"我不想上幼儿园，幼儿园不好玩"时；当小学生被要求双手放在背后，一动也不能动时；当中学生被灌输不考上大学就不是好学生时；当大学生毕业意味着"失业"时，我们的教育是否还有灵动的光环在闪耀？我们受过教育的人，是否拥有灵动的思想和自由的心境去应对这让人尴尬的现实？

天性是生命的自然性、宇宙性。对待天性，我们只能顺应它并敬畏它。因此，养马首先要懂得马的习性，种树也要懂得树的"天性"，正如柳宗元所说的"顺天致性"。人的天性不是后天发展的，更不是教育影响的结果。但人的自然性与其他动物有区别，人有其他动物没有的高级神经系统、大脑、双手和语言。动物也有心理，但人的大脑和语言使人的心理具有质的飞跃，使人蕴藏着巨大的潜能和可发展性。对人的生命天性的勘探与呈示，对人的生命价值的尊重与张扬，既是教师的责任，也是使学生重新发现自己，乃至通过教育来获得自我实现的最基本、最核心的问题。

当生命像被制造一种产品一样沦为一种克隆化的存在时，当兴趣被无情地剥夺，一个鲜活的生命被另外一个或几个生命的观念所累，却又别无选择时，生命的鲜活与灵性就会慢慢地溶解，直至消亡。在这个过程中，一个生命就成了一种"非我"的存在。追求升学率也好，追求就业率也罢，这种教育归根结底是一种"非我"的教育、"为物"的教育。

潘光旦在《教育——究为何来》一文中，对"为物"的教育进行了猛烈的批评，他认为"这不是小看了教育，而是根本看错了教育"，因为说到底，这种教育是解决"吃饭问题"的教育，不是教育的终极目的。教育的终极目的是什么呢？潘光旦认为，教育的终极目的是造就完全的"人格"：一是众人相同的通性；二是每个人不同的个性；三是男女的别性。（杨立德，2005）[29]

犹太人认为学习的目的不外乎两个，一为"过人的生活"，二为"增加人性之美"。"否则人们会失去生气，不能生活得有声有色。"（肖宪等，2005）这就是犹太教育为什么是世界上最成功的教育的原因。黎巴嫩著名诗人纪伯伦（Kahlil Gibran，2006）在《论孩子》中写道："你们是弓，你们的孩子是从弦上发出的生命的箭矢。""箭矢"有没有力？"箭矢"能飞多远？"箭矢"的生命力是不是很强？往往在于家庭、学校、社会这些"弓"能不能把握孩子生命的真谛。教育的神采，教育的境界，皆由此而引申。

一所不尊重教师，不让教师享有自由的学校是没有生命力的学校；一所不懂得学生的天性，不珍惜学生的个性，不善于引导学生的兴趣与梦想的学校不是真正的好学校。100多年前，一个小男孩在上课时高声地问"2加2为什么就一定要等于4？"这个看似荒唐的提问中，闪现的是一种生命的灵动。这个小男孩就是后来的发明家爱迪生。

一个懂得生命、深爱生命的民族才是真正懂得和平、创造和谐的民族。一种理解生命、珍视生命、尊重生命、开发生命的教育才是真正的教育。因此，"人是什么"永远是教育的第一问。

其实，教育就是一种生活。在学校里，教师是一种生活，学生是一种生活，教师的生活与学生的生活相互影响，相互激荡，又形成新的校园生活。教师的学术自由、人格独立，学生的激情与梦想、天真与信念，二者交互融合，就是学校的生命所在。教育是应该懂得"人"的，大学是更应该懂得"人"的，大学里活跃着不少的"人"。衡量一所大学的水平是看这类"人"的多少而不是大楼的多少。

北京大学历来就是众人瞩目的焦点，自从新文化运动之后，北大就被看作中国当代一个重要的文化和精神象征，而与它相连的则是一长串闪亮的名字，如梁启超、章太炎、蔡元培、陈独秀、李大钊、胡适、鲁迅、马寅初、李四光、朱光潜、周培源等，以及被一代代北大人口口相传、津津乐道的种种逸事，如梁漱溟投考北大未被录取却被聘为北大教授；陈汉章不当教授当学生；"偷听生"昂首阔步出入教室，不求文凭但求学问；教授们对学生"来者不拒，去者不追"的大家风范；钱玄同对学生考试而不阅卷，依花名册顺序打分；校长马寅初严寒之日酒酣耳热，敞开衣襟至钟亭大敲其钟，召集师生四处拱手以"兄弟"相称等，都在诉说着北大的非凡。（张良，1998）

人们公认的"大师"陈寅恪先生，学习不以博士、硕士学位为目的，在国外留学 16 年，学得满腹经纶。一般教授在国学方面能背诵"四书""五经"就不错了，而他却能背诵"十三经"，而且对每个字都能理解并解释。精通英、法、德、俄、日、意等国的语言文字，对一些中外少数民族的语言和文字，包括已消亡的文字他都知晓。在他去世后，他的家属及同人在清理遗物时，发现了他的 64 本笔记。……据统计，所涉及的语言有 20 余种。他的治学范围，包括史学、文学、文字学、史学史、文字史、训诂学、宗教学、校勘学等，范围极广。（杨立德，2005）

"一个大学的传统不能靠个空名字，而是实实在在地活在校友的生命中。"（薛涌，2009）如何才能活在校友的生命中？大学里的大师是第一位的，其次才是课业、校园建筑等。大师的意义不仅仅在于专业领域里取得的具体成果，更重要的是使后人感到一种生命的追求与信仰；大师的意义也不在知识的本身，而是更接近教育的本真，接近生命的灵动：是用一棵树摇动另一棵树，一朵云推动另一朵云。

张楚廷先生如今已80多岁，但他还在观察许多，体悟许多，思考许多，还在学习，还在积累；还在废寝忘食，夜以继日；还在盼望大学拥有厚厚的文化，拥有无尽的教育资源，站要站在文明的顶峰；还在钻研哲学与高等教育学。为什么？不为名，不为利，只为那颗保守而超越的雄心！

受过良好教育的人是不会被年龄、性别、学科、学位、资历、职业、名分、酬劳、得失、毁誉等束缚的人，因为生命是灵动的，而良好的教育只会让生命变得更加灵动。当教育不断凸显出生命灵动的时候，大学毕业生的失业现象必定减少；没有考上大学的中学生一定还会大有作为；小学生双手放在背后，心灵也会放飞；幼儿园的老师会多想办法让孩子们感觉到幼儿园的好玩。只有这样，人的本真才能在教育的灵动中更加显现。

第二节　大学：人向上发展的需要

教育与人的关联是如此的普遍、直接、亲近，那么教育是如何产生的？为什么在小学、中学之后，还会有大学？大学究竟为什么出现？大学为什么能够生存下来，且渐渐进入社会生活的中心，并将继续扮演重要角色呢？

一、教育主要起源于人自身发展的需要

人类是非常复杂的生物，有各种不同的需要，更能从各种不同的视角出发来看待事物和整个世界，而且不同的视角会得出不同的观点或结论。关于教育的起源一般有三种理论：生物起源论、心理起源论和劳动起源论。

生物起源论者把动物界的生存竞争和天性本能看成是教育的基础，认为教育是一种生物现象，教育起源于一般的生物活动；动物是基于生存与繁衍的天性本能而产生了把"经验""技巧"传给后代的行为；教育是与种族需要、种族生活相应的，它是天生的，而不是获得的表现形式；教育既无须周密的考虑使它产生，也无须科学予以指导，它是扎根于本能的不可避免的行为。

心理起源论者认为模仿是教育的起源，教育起源于儿童对成人无意识的模仿。

劳动起源论以马克思为代表，通过科学分析人类祖先的产生及开始制造工具前后的历史，认为劳动从一开始就是一个复杂的过程，是一种有意识、有计划、有创造的活动；劳动从一开始就是对环境的一种改造，而不是盲目的发现和适应，这一点正是人与动物的根本区别。基于此，劳动起源论者认为教育起源于劳动。

其实，教育和劳动的关系与教育和文化的关系一样，都是包含与被包含的关系。教育本身也是劳动，是劳动的一部分，还是劳动的对象，二者不存在先后关系，也不存在决定与被决定的关系，相反，教育质量的高低还会影响劳动的质量和水平。

儿童从出生到成为一个合格的劳动者，至少要经历十几年的时间或整个一生。儿童从成人那里得到的知识、经验、技能、社会规范等，虽然从最终目标看是为了将来从事物质生产劳动，在宏观上促进了社会生活的延续和发展，适应了社会方面的需要，但从直接结果看则是发展了儿童的身心，实现了精神成长，在微观上促使人远离动物界，趋于社会化与文明化。其间，教育始终伴随着儿童的成长及其今后人生的发展。教育随着人类的出现而出现，表面上是出于人类谋求社会生活与种族繁衍的需要，实质上是源于个体生存与发展的需要。可以这么说，教育是源于人的自身发展需要基础上的人的社会需要。

二、大学是人创造出来的

美国加州大学前校长克尔（Clark Kerr，2001）认为，"其他一切都变化，但是大学多半是持久的"。他通过研究发现，西方世界在 1520 年以前建立的 75 个公共机构中，教会、议会、银行以及大学至今仍在，而其中大部分是大学。西方历史悠久的 60 所大学中，建于 1520 年前的大学有 4 所，建于 1500 年前的大学有 27 所，建于 1400 年前的大学有 14 所，建于 1300 年前的大学有 10 所，建于 1200 年前的大学有 5 所。（克尔，2001）[50-54]

"如果没有大学，也有必要发明一个大学。"（帕利坎，2008）[18]这句话表明了大学在人们心目中的力量和分量，也表明了人们对大学的自信。在英国，人们似乎传递着一个共识，那就是：国家可以衰落，但培养人的教育机构，尤其是牛津大学这样的学校不能衰落。（李小兵，1996）[58]大学为什么如此重要？为什么如此持久？大学又是如何出现的呢？

"现代大学在最高层次上全心全意并毫无保留地致力于增进知识、研究问题（不管它们源自何方）和训练学生。"（弗莱克斯纳，2001）[19]现代大学的概念来自英文 university，意指聚集在特定地点传播和吸收高深领域知识的一群人的团体。"每一个较大规模的现代社会，无论它的政治、经济或宗教制度是什么类型，都需要建立一个机构来传递深奥的知识，分析、批判现存的知识，并探索新的学问领域。换言之，凡是需要人们进行理智分析、鉴别、阐述或关注的地方，那里就会有大学。"（布鲁贝克，2002）[13]大学是一个在哲学和研究领域里的"帝国"，"是一种智性的力量"，在"人类活动的目标之中……最高级或者最高尚者莫过于大学的创建"（帕利坎，2008）[71-72]。"在知识时代，受过教育的人和他们的思想已成为国家的财富。大学从没有像今天这样变得如此重要，大学教育的价值从没有像今天这样如此之高。大学提供了教育的机会，创造了知识。大学所提供的服务是当今社会取得领先优势的关键，它们包括个人生活的富足与安乐、经济的竞争、国家的安全、环境保护和文化繁荣。"（杜德斯达，2005）[4]

弗莱克斯纳（Abraham Flexner，2001）认为，大学在现代社会中具有极其重要的作用，这种作用来自于大学的独特职能，这种职能甚至是跨越国界的，因为"大学是民族灵魂的反映"。他说："今天的世界充满着传统、善与恶、种族混合、民族主义和国际主义斗争、商业利益、追求正义或邪恶的巨大物质力量、解放了的工农、不安的东方人、喧闹的城市、冲突的哲学——在这动荡的世界里，除了大学，在哪里能够产生理论？在哪里能够分析社会问题和经济问题？在哪里能够理论联系事实？在哪里能够传授真理而不顾是否受到欢迎？在哪里能够培养探究和讲授真理的人？在哪里根据我们的意愿改造世界的任务可以尽可能地赋予有意识、有目的和不考虑自身后果的思想者呢？人类的智慧至今尚未设计出任何可与大学相比的机构。"

张楚廷先生（2011）认为："大学不是一个转运站——别人生产了思想而后由大学转送给学生。大学为何存在？大学是因思想而存在，因传递思想而存在，因生产思想而存在。大学确实是'我思故我在'的，并且，它的'思'极为丰富，它不仅思索着，而且传递着，创造着。大学因思想而创造着，大学又因创造而更有思想。所以，大学的'我思故我在'非同一般。可以说，大学是'我传故我在'、'我创故我在'。大学求索、传送、创造，大学全方位地思想着，大学的存在如此厚重！"

大学是如此的重要，如果没有大学又会怎样呢？布鲁姆（Allan Bloom，1994）一语中的，他认为，大学"提供自由探索的空气，不允许不利于或者妨碍自由探索的东西存在……重要的是，这里有真正伟大的思想家，他们是理论生活的活的证明，他们的动机不会流于低俗，虽然人们以为低价的动机是无所不在的……如果没有大学，所有理性生活的美好结果都会跌回原始泥泞中，永远不能脱身"。

知识是人类自由探索与高雅思想的结果，知识的发展与人的发展休戚相关，在某种意义上，没有知识的发展便没有人的发展。因此，没有大学为人类提供自由探索的场所和知识，人类的发展就要大打折扣。

在不同阶段，人们的需要是不一样的。没有饭吃的时候，粮食对于我们很重要；在自然力量超越人的力量的时候，知识对于我们很重要；在求知欲越来越旺盛的时候，大学对于我们很重要。"求知是人的本性"，于是，人们先创造出了小学、中学，传承基本的知识、经验、文化等。当人类积蓄的知识越来越多，而其中有一些既深奥又重要的内容（大学问）需要传承，而中小学又难以承担之时，大学也就顺应而生了。其实，最早的大学是学生自发成立的，大学的诞生也不仅仅局限于学问的传播，有一个更重要的也容易被人所忽略的事实是，大学生通过大学能对自己负责，而中小学无法承担此项重任。

三、大学是自由的结晶

从古典大学发展到现代大学，大学经历了漫长的发展历程，承担着重要的责任、使命，成为各个国家和民族发展中最有力的支柱和脊梁。求真、向善、服务是大学存在的根本理由，更是人向上发展的需要。为了更好地理解大学，我们有必要对大学的兴起和中世纪大学的活动特征、功能及主要特点做一点简要回顾。

12 世纪的欧洲最富有价值和教育意义的大事是大学的出现。在中世纪早期，教育主要是神职人员与少部分统治阶级享有的特权。当时最好的教育是由中世纪教会学校提供的，同时也训练教士，但此类学校并不能被视为具有高等教育性质的学校。不过，中世纪大学的出现与集中于教会学校的学术研究活动有着直接而密切的关系。当时的大学可说是比教会学校更高一级的学校机构。

最早产生的三所大学是博洛尼亚大学（University of Bologna）、巴黎大学（University of Paris）和萨勒诺大学（University of Salerno），它们分别是当时的法学研究中心、哲学及神学研究中心、医学研究中心，可以说是欧洲的"母大学"。其后，欧美各地成立的大学多半受这三所"母大学"影响，如南欧的大学受博洛尼亚大学所支配；巴黎大学则是北欧大学的楷模，并为牛津大学（University of Oxford）的母校；牛津又分剑桥（University of Cambridge），剑桥又生哈佛（Harvard University），哈佛又生耶鲁（Yale University）。1200 年时，全欧只有六所大学，意大利三所（Salerno，Bologna，Reggio），法国两所（Paris，Montpellier），英国一所（Oxford），后来逐渐增多。

　　行会组织在中世纪大学的兴起中起了非常重要的作用。行会规定了行业技艺标准、成品价钱、会员的权利与义务等，也有审查技艺人员资格的权力，开创了教师证照制度先河。行会创办各类学校，办理各种教育活动。学者模仿行业人员的自保形式，自成集团，就是学者的组合。行会的拉丁文是 universitas，后来成为"大学"一词。

　　中世纪大学具有鲜明的特色。一是师生享有特权，如迁校自由，获得学位者可以四处教学，还能免税免役，享司法审判权，教授甚至享有参政权及审订教师资格权等。二是文、法、医、神四大主要学科齐全，其中文学院人数最多，而神学则最重要。迁徙可以说是中世纪大学的最主要特色。如果大学生或教师不满大学所在地的城市或教会权威，或者认为教学与研究自由受到无理干预时，他们就可以罢课或者罢教。当这些方式或方法都无效后，师生或学校就可以进行迁徙。剑桥大学及耶鲁大学就是这样"迁徙"而来的。

　　中世纪的大学主要从事什么活动呢？古希腊哲学认为，具体的事物背后存在一个抽象的能够用数学、逻辑或语言精确表达的 Logos，即万事万物背后都有一个根本的道理，而且这个道理是可以通过寻找、推理、证明和争论出来的。越争论，真理才会越明白。最早的大学就从事这种探究活动。现代学者一般把柏拉图的学园（Academy）称为学术的祖先，因为柏拉图的学园主要专注于真理本身。从柏拉图的学园沿袭下来的大学精神代表了古希腊哲学的基本精神。

　　中世纪大学的生活及教学方式非常丰富，不但课程包括文、法、医、神四大主科，而且文科中的"七艺"还是大学必修科，而教学方式则有读课（包括评论、批注、推广、归纳、总结及批判）、复述、辩论及考试（学位考试，证明该学位获得者有能力到处任教）等。学校组织分为教授组织、教会代表及学生组织三类。学生生活则以同乡会为主。大学生的生活相当自由。

中世纪大学的建立打破了教会对高等教育的垄断。大学师生特权的运用，使大学在当时及之后的社会中，成为既非附属于教会亦不听命于政府的独立学术机构，成为反权威的庇护所，其中不乏反传统、反偶像的人物。

早期中世纪大学是十分民主的：教师来去自由，学生或教师都可以担任校长，大学的建立与分离也是自由的，甚至学生申请学位也是自由的。从古希腊的柏拉图学园到中世纪的大学都有一个好的传统，即学术问题可以平等、自由地进行争鸣，通过提倡质疑来培养学生的质疑精神，在质疑的基础上进行辩论、讨论和切磋等。

颁布律令的教皇格列高利七世（Gregory Ⅶ），来自四面八方的自由放荡的学生，多才多艺、大胆而自负、上课叫好却又树敌无数的名师亚培拉（Peter Abelard），学完一本书后要向上帝唱弥撒的博洛尼亚的古老习俗，以及各种讲座、辩论会等，使中世纪大学充满着对学术、民主、自由的追求，充满着生命的灵动。现代大学承袭着中世纪大学的这种灵动，无论是大学整体还是大学个体，其主体意识日渐鲜明，如对知识的热爱，对新思想的开放，对自由的探索等。

综上所述，中世纪大学的产生并非偶发事件，亦非计划的结果，是城市的兴起、自然环境的影响，特别是学术演进的结果。欧洲中世纪大学是自发诞生的，而自发行为在很大程度上正是自由思想的有力表现，反映了教育发展的必然规律，更根本的是人的向上发展的需要：独立、自由、民主、质疑和批判，以及"突破一切限制、不计一切代价地寻求真理"（雅斯贝尔斯，2007）[20]的精神。

我们仅以中世纪大学的教学内容为例，就能很好地说明何为"不惜一切代价"。文学院、医学院、神学院、法学院是中世纪大学的四大典型学院，相对应的文学、医学、神学、法学这四大学科，重要性不言而喻。然而，航海学、商业贸易学、建筑学、机械制造、军事技术、矿业开采、农业种植、造船等应用科学和技术科学难道不重要吗？事实上，后者重应用知识，更适合当时的社会需要，更能直接满足人们物质上的需求。为什么只有学习前者的人才能进入大学呢？这是因为"并不是社会应用知识的需求，而是由于某些学科的存在表明了其对某些社会的价值，导致了大学的建立"（希尔德·德·里德－西蒙斯，2008）。这里的"某些学科"指的就是文、医、神、法四大学科，这四大学科的价值在于更能满足人的精神需要特别是寻求真理的需要。这是中世纪大学的价值取向，因为这类知识更靠近人的本质。"某些学科"的价值虽然至今已受到现实的阻碍，但从总体而言，是知识探索欲望的结果，是全身心对宇宙神圣秩序原理和人类事务进行理性研究的体现，归根结底，是"不惜一切代价"摆脱对物质利益的直接需求与关注，从而满足人自身及其精神追求的结果。

"人是类的存在物"，人与人组成共同体的历史就是人类的文明史，但并不是所有的共同体都能促使人的全面发展。根据马克思的观点，只有自由人的联合体才是作为整体的"人"达到全面发展的唯一途径。（谢维俭，2006）追求解放与自由始终是人类奋斗的根本方向，也是人类一切活动的根本出发点。人类通过物质生产活动克服生存资料的匮乏来满足基本的物质需求，从而从自然与物质的奴役下解放出来，又以各种精神活动来克服心灵的恐惧与思想的疑惑，进一步摆脱各种有形与无形的限制，以赢得更大的自由。在征服与摆脱的过程中，人类证明并发展着自己的创造力与价值，而这种创造力与价值又反过来激发人类奔向新的自由。可以说，这种自由自觉的创造力是人类存在的重要理由与意义。对此，近代欧洲大学的发展也很好地说明了这个问题，也表明了大学更接近于"自由人的联合体"。

在人类的文明史上，大学组织内部必定存在着某种特殊的文化整合机制。大学不仅是读书人的必修地，还关乎个体安身立命与"经国之大业"。大学不会为任何理由而停下自己的脚步，因为追求更多、更大的自由是大学的本性。因此，在更广泛意义上，大学的发展道路并没有变窄，更不会消亡，因为人类不会放弃每一条通向自由的道路，特别是大学这条相对自由自觉的道路。

第三节　大学教育连接探索知识
与追求生命的热情

大学的主体是人，大学是由一群人组成的。大学的一切活动都是为了使人更有知识、更高尚、更有智慧。

大学教育就是大学基本活动的概括，是大学人变革与发展大学的实践过程，即大学人逐步丰富自身知、情、意、行，彰显大学人求真、向善、趋美的生命属性过程，也包括大学人以自身的理念、思维方式、审美情趣、价值取向及其知识积累引领自身及社会全面和谐发展的过程。本书中的大学教育主要指大学及其大学人的整体活动，不单指教师教育学生的教学活动。

"人的存在是一个动态的方式，存在本身就是一个发展的过程；人是一个发展性存在，一个过程性存在。"（张楚廷，2011）[106]大学教育同样是一个发展性和过程性的存在，是历史性的和动态性的，一方面是"此在"，是独特的、不可重复的、不可替代的特定存在；另一方面又是"共在"，是共有其"此"或共同而"此"之在。

一、大学教育的"共在"：求知的渴望与生命的热情共舞

感性的自然物没有历史性，因为时间不属于它的本质规定，而人之为人的生活，则是一种自我生成的命运。犹如人的本质属性，大学教育的本质也不是来自外部"命运"的赋形或去形，而必须形成自己的本质属性。这种本质属性的自我生成，使大学教育的时间性构成了大学教育存在的本质方式。事物自身存在之外的具有测量尺度的时间性，并不代表该事物的历史性。因此，当且仅当大学教育本身作为命运生成之过程时，它的时间性才是它的历史性。这种历史性与时间性的划一就表现了大学教育的共在。

比如，"学生建立起来的博洛尼亚大学经历了中世纪，经历了文艺复兴，经历了墨索里尼统治时期，又经历了'二战'后的变迁，它还是博洛尼亚大学。由一位牧师创建的哈佛大学经历了独立战争、南北战争，经历了40多任总统，100多届国会，无论政治如何变迁，哈佛大学还是哈佛大学；3个多世纪里，社会"经历了财富的得而复失，公司的兴而复亡，政党的盛而复衰，而这个学校却能历久常新。"（姜文闵，1998）清政府建立的北京大学经历了民国，又经历了1949年之后近30年不停的政治运动和1978年之后30多年的改革开放，北大早期形成的蔡元培大学理念却并未消失。

知识经过长期不断的积累与创造，小规模的教学形式已经满足不了高端知识传播的要求。中世纪大学的产生满足了这种需要。到了中世纪末期，西方"市民社会"兴起，人们呼唤一种世俗化的、规范性的社会，以走出神性的束缚。近现代科学的发展对高等教育提出了新要求。在这样的背景下，现代意义的大学应运而生了。这是人类科学精神和自由精神的凝结，是人类追寻社会本来面目的集中体现，意味着人类文化的一次整体提升，更是人们追求生命热情的反映。

大学是社会发展的产物，更是人的需要的产物，是人的需要向上发展的产物。初等教育是人早期的需要，探究高深学问或追求真理是随后产生的需要。"大学是这样一处所在，在这里，凭着国家和社会的认可，一段特定的时光被专门腾出来尽最大可能地培养最清晰的自我意识（self-awareness）。人们出于寻求真理的唯一目的而群居于此。"（雅斯贝尔斯，2007）[20-21]雅斯贝尔斯还将对真理的探求称之为一项人权。"在知识时代，受过教育的人和他们的思想已成为国家的财富。大学从没有像今天这样变得如此重要，大学教育的价值从没有像今天这样如此之高。"（杜德斯达，2005）[4]这个价值不在于知识可以为国家和社会创造财富，不在于满足国家和社会对大学的一种现实预期。那么，这种价值在哪里呢？在于大学教育沟通了知识与追求生命热情之间的联系。

大学教育与其他研究机构或研究活动不同的地方就在于：大学是一

个思辨的场所，是人类的问题、真理等无条件被提出的场所，也是可以无条件提出不同意见的场所，更是传播思想并使人更有知识、更高尚、更有智慧的地方。"知识不仅是宇宙力量的主宰，也是人类存亡、兴衰的原动力。"（朱邦复，1999）在这里，大学人的所有活动都服从于原初的对知识的渴求欲，即大学人被渴求知识的日渐热切的生命热情所牵引。

1661 年，15 岁的莱布尼茨（Gottfried Wilhelm Leibniz）进入莱比锡大学（Universität Leipzig）学习法律，一进校便开始学习大学二年级标准的人文学科的课程，他还抓紧时间学习哲学和科学。这期间，莱布尼茨还广泛阅读了培根（Francis Bacon）、开普勒（Johannes Kepler）、伽利略（Galileo Galilei）等人的著作，并对他们的著述进行深入的思考和评价。在听了教授讲授的欧几里得的《几何原本》课程后，莱布尼茨对数学又产生了浓厚的兴趣。"他的兴趣范围遍及从数学到神学，从神学到政治哲学，从政治哲学到自然科学的广大领域。这些兴趣以深刻的知识为背景。"（怀特海，2004）[5]兴趣引发求知，知识加深兴趣。莱布尼茨为什么能够继承前人 2000 多年的思想？原因也就在此。

同样的道理，钱伟长成才的最重要原因是他在清华大学物理系受到了良好的教育并激发了他对追求真理、探索学术的无尽向往。钱伟长在清华大学的六年（大学四年和研究院两年）学习时间里，"对于数学、物理、化学各方面的新发展都精神奋发地去理解，去搜索"。他在回忆中说："我在大学本科四年中，得了终生难忘的良好教育。当时物理系有吴有训、叶企孙、萨本栋、赵忠尧、周培源、任之恭等六位著名教授，不仅讲课动人，而且同时都刻苦努力在实验室里从事自己的实验研究工作，他们经常工作到深夜。系内的学术氛围浓厚，师生打成一片，学术讨论'无时不在也无地不在'，有时为一个学术问题从课堂上争到课堂下……系里经常有研讨会，有时还有欧美著名学者来短期讲学、学术访问，如欧洲著名学者玻尔（Niels Henrik David Bohr）、狄拉克（Paul Adrien Maurice Dirac）、郎之万（Paul Langevin）都在清华讲过学，使同学们接触到世界上第一线的问题和观点。""和同学彭桓武、张宗燧、傅承义等经常为一个新问题争辩到半夜两三点钟。""这样的条件可惜一辈子中只有六年，这是最不可忘怀的六年。"这是钱伟长先生在《八十自述》中的无限感慨。不单如此，从中我们还可以感受到钱伟长先生"弃文从理"的报国情怀。对知识的渴求激发生命的热情，生命的热情又促进对知识的渴求。在这里，生命、知识、热情融为一体而又相得弥彰，生命活了，知识活了，教育活了，大学自然也就活了。

任何大学都是个人生命体验与其所属的群体文化经验的结合。优秀大学的优异之处，就在于其以独具个性意义的生命体验沟通了自己所属群体的共通的文化，并且能将这种体验与经验用恰当的方式表达出来并传递下去。这种体验、沟通、表达就是大学的生命，灵动的生命。

牛津大学的历史，也就是牛顿（Isaac Newton）、洛克（John Locke）、配第（William Petty）、斯密（Adam Smith）、雪莱（Percy Bysshe Shelley）、达尔文（Charles Robert Darwin）、波义耳（Robert Boyle）、霍金（Stephen William Hawking）等牛津毕业生用生命演绎的光辉史。他们共同的特征是用严谨的理性思维与创造能力使牛津得到一种无形的尊崇，显现出一种生命的灵动与超拔，以至于牛津大学的讲师宁愿在学校打杂也不愿到欧洲其他大学或美国、日本等大学去担任教授，甚至在"二次大战时，希特勒（Adolf Hitler）曾专门下令不许德国空军轰炸牛津"（李小兵，1996）[58]。大学生命的力量由此可见一斑。

剑桥大学的历史是诗人拜伦（George Gordon Byron）和哲学家罗素（Bertrand Russell）等人文大师和一代又一代的科学巨匠交相辉映的历史。"十七世纪的牛顿，学于剑桥而后又任教于剑桥，在这里完成了许多近代物理学的奠基之作；十九世纪的达尔文，从剑桥的校园踏上环球考察的路程，最终提出震动世界的进化论；而传奇科学家霍金，则是从牛津本科毕业后奔赴剑桥这块科学圣地，在这里思考宇宙和黑洞的奥秘，并接过了牛顿传下的卢卡斯教授（Lucasian Professor）席位。"（黄堃 等，2011）剑桥大师云集，对有志从事科研的年轻人非常具有吸引力。剑桥"思想与表达的自由"的核心价值观引出了"剑桥现象"，其最典型的体现则是 20 世纪 60 到 70 年代的剑桥科技园。在科技园里，剑桥师生点燃了知识、科技与商业有机融合的火炬，并表现出了与教学、科研的良性互动。知识促进科技，科技结合商业，然后又反哺大学。知识、科技、商业三者的良性循环，促进了师生更热切、更有效地学习与传播知识。

清华国学院尽管只持续了五六年，但"院中都以学问道义相期，故师弟之间，恩若骨肉，同门之谊，亲如手足"；"皆酷爱中国历史文化，视同性命"（何怀宏，2010）。因而，在中国现代文化史上留下了深远的一笔，正如陈寅恪对王国维惺惺相惜的追思，忧伤而又绵长。这种绵长也不仅是当时的学问氛围对我们的感召，更重要的是其中有一种"燃烧的东西"在舞动，在牵引。什么东西在"燃烧"呢？是求知的渴望，是精神的信仰，是生命的热情，更是大学教育的活力。

二、大学教育的"此在"：个性特征的灵动与自觉

大学教育是生命的高级活动。生命的灵动体现在大学教育中，表现为心灵与心灵的贴近，思想与思想的碰撞，生命与生命的互动，其实质为思维方式、精神气质或个性特征的灵动与自觉。这就是大学教育的"此在"。

思维方式是认识运转的内在机制与过程，是人脑活动的内在程式，常常以较为固定的或习惯的形式表现出来。思维方式在宏观上由思维主体、思维客体和思维工具等要素组成；微观上由知识、观念、习惯、方法、文化等要素组成。时代性、相对独立性、多样性、能动性是思维方式的基本特征。

从大学这个思维的主体方面来看，大学思维方式一旦形成，就有一定的典型性和广泛性，潜移默化地支配着大学人的行动，并以其精神的力量深刻地影响着社会生活的各个方面，能够有效地指导人类的实践活动，推动社会发展的进程。这种作用不是消极被动的，而是积极主动的。

大学思维方式也是一定历史的产物，因而具有时代性。同时，时代的发展也必然对大学思维方式的发展提出相应的要求，因此，一流大学

"应当是一个民族大脑最敏锐的部位"（赵鑫珊，2001）。但大学的思维方式不一定是与时俱进的，它有自己独特的发展进程。

余秋雨先生认为，长城的文明是一种僵硬的雕塑，都江堰的文明是一种灵动的生活，它的水流不像万里长城那样突兀在外，而是细细浸润，节节延伸，像一位绝不炫耀、毫无所求的乡间母亲、实实在在占据了邈远的时间。（徐中玉，2006）这段话用在大学教育身上也是恰当不过的。真正的大学教育就是要坚守这种"都江堰式的灵动"，在人与世界的互动中寻觅生命的踪影，但又不以知识、真理的获得为全部目的，而以独立的自我的身份思考人生的生活路径、生命前景，以有限的自我寻求更好的生命存在。

哈佛大学心理学讲师塔尔（TalBen Shahar）博士于1992年进入哈佛大学主修计算机科学，成绩不错而且还擅长体育。大二时，他突然感觉自己并不快乐，而且不明白原因何在。他决定要找出原因，让自己变得快乐。于是，他将研究方向从计算机科学转向了哲学和心理学。因为接触了一个全新的领域，并将其理念应用到自己的生活中，他慢慢地变得快乐了，而且这种快乐现在还在持续着。为了与更多的人分享他的快乐，他选择教授"积极心理学"这门学科，并为学生开设了一门名叫"幸福"的课程，受到学生们的爱戴与敬仰，被誉为"最受欢迎的讲师"和"人生导师"。在"成为自己"的过程中，塔尔博士的这种"自我"发展就是大学教育的"此在"。唯有这种多多益善的"此在"才是大学应当承担的使命。

张楚廷先生（2007）说："想别人没想过的思路，做别人没有做过的事情，说别人没有说过的话语——这就是我梦想中的大学。"张先生以清醒的问题意识和强烈的人文关怀为出发点，将自己敏锐的生命体验与沉着的思考凝聚到他的言行之中，凸显出了生命的灵动，他以建构生命哲学主体性的努力，传达出了真挚动人的人文立场与理想主义情愫，烛照了当下语境中大学教育的种种弊端，呼吁"活教育"的"在场"。

谁来想别人没想过的思路？谁来做别人没做过的事情？谁来说别人

没说过的话语？当然主要是教师。想别人没有想过的，做别人没有做过的，说别人没有说过的，这就是教师灵动的表现。教师的灵动首先体现在思维方式的灵动与自觉上，表现为真正意义上尊重生命、关注个性、崇尚智慧的教育境界。

"在柏拉图学园的门口有一个牌子，上面写着'不懂几何者不得入内，这是柏拉图提出的办学理念。在 2300 年以后，出席美国 1998 年科学年会的科学家和教育家们认为，21 世纪的教育应当把几何学放在头等重要的地位，这是因为 21 世纪的新技术产业大多都是需要立体思维方法的设计。"（刘道玉，2008）柏拉图的办学理念竟然超前了 2000 多年！这正是大学精神的灵动与自觉。大学的生气就在于这种精神。

大学 University 的词根是 universus，含有普遍、整个、世界、宇宙的意思。大学从它诞生的那天起，其精神气质就是一种"普遍主义"（universalism）。这种"普遍主义"可从两方面来理解，一是从高深学问当中生发出来的思想，二是从自由思想中迸发出来的精神。

英国诗人梅斯菲尔德（John Masefield）说："世间很少有事物能比大学更美。当防线崩瘫，价值崩溃，水坝倒塌，洪水为害，前途变得灰暗，古迹沦为泥淖时，只要大学屹立在那里，它就屹立闪光。"（笑蜀，2010）"西南联大避居重庆李庄时，林徽因女士曾对幼小的梁从诫说：如果李庄沦陷，就证明中华大地已经倾覆，自己就跳江而去，绝不当亡国奴。可就在战事难测、颠沛辗转的途中，梁思成先生依然要求学生每天削好铅笔，对功课不得有丝毫马虎。"（徐楠，2010）西南联大因这种精神而屹立而闪光。大学为什么能够"屹立"？为什么能够"闪光"？其原因就是这种"普遍主义"的精神气质。

世界是一个过程的集合体，大学同样如此，它是一个生长着的"生命有机体"。"在欧洲中世纪，建立古典大学的先驱们绝不会想到当时负责'教化'的'圣殿'会演变成为今天规模庞大的学术组织，并在历史的发展中保持强劲的生命力。但毋庸置疑，中世纪的大学和现代大学只是不同时空背景下的大学，'彼时'或'彼在'的大学和'此时'或

'此在.' 的大学之间保持着血脉的延续。""尽管大学在其历史发展进程中出现了这样那样的变化，但 '数百年来，他们从根本上维持了自身的组织形式'"（李爱民，2005），没有脱离它作为大学的根本：教师和学生一起探讨高深的学问，成为时代的良知和智慧的火把。这就是大学的生气，而这种生气主要来自于大学的精神。

体现大学精神的方面很多，概括起来不外乎"志"和"气"二字，即引领社会智慧的志向和批判社会现实的浩然之气。前者志在高远，后者体现大学精神的卓尔不凡。

大学是继承传统文化遗产、不断创造新文化的场所，聚集了古今中外各种知识，具有很大的知识容量，是思想观念和学术思潮的交汇处。与社会其他组织相比，大学具有自身的优势。由于在文化积累方面的特殊优势，知识分子，特别是集中在大学校园里的知识分子比其他社会成员更能认识社会发展规律，更能辨别和提出符合社会发展规律的社会理想。大学教育通过确立教育内容，引领人们对人类文化进行整理和选择；通过更新教育观念，更新人们的价值观念与价值取向，在知识积累的基础上发展自身的智慧并引领人们智慧的发展。

在此过程中，大学不仅以自身的知识潜移默化地影响着社会，更以积极的姿态投入到改造社会、重塑德性的潮流中，成为社会知性与德性的捍卫者与提升者，引导着社会的发展方向。尤其在时代的变迁中，大学的批判精神与浩然之气尤为重要。

大学的胆识、志向和勇气给大学注入了生命活力，使大学不仅仅是教学楼、图书馆、林荫道等，也不仅仅是人才的集散地，它更是大学文化的精髓和核心之所在，对大学的发展起决定性作用。大学的学术精神、民主精神、时代精神、创造精神等皆由此引发或为之服务。大学精神之于大学，正如土壤、空气、水、阳光之于生命一样重要。大学作为生命主体，只有保持精神上的同一性，超越作为工具的地位，才能掌握自我，富有生机和活力。

大学教师最能体现大学精神。大学的胆识、志向和勇气首先表现为大学教师在教学和科研过程中能够以科学的态度对待传统与现实，否定非科学的内容，破除迷信与保守主义，建立科学的知识体系，并对社会现实进行理性的反思和价值构建。

大学里有不少优秀的教师，他们自有一种精神气质在流动，历久弥新。

康德是柯尼斯堡大学（University of Königsber）精神培育出来的，同样，康德也反过来参与铸造了柯尼斯堡大学的精神。歌德（Johann Wolfgang von Goethe）、席勒（Johann Christoph Friedrich von Schiller）、贝多芬（Ludwig van Beethoven）和爱因斯坦（Albert Einstein）等都受到过康德哲学的熏陶，这些伟大学者使康德的思想渐渐扩散到了整个文明世界，其所发散出来的和仍在发散的那种发人深思的力量使康德不再是康德，而是照耀未来的火炬。

陈寅恪认为，如果没有独立的精神和自由的意志就不能发扬真理，就不能研究学术。他说："我要请的人，要带的徒弟，都要有自由思想、独立精神，不是这样，即不是我的学生。"（默秋，2009）陈寅恪公开宣布："前人讲过的我不讲，近人讲过的我不讲，外国人讲过的我不讲，我自己过去讲过的也不讲。"（洪德铭，1997）学生每节课都可以从他那里获得新的知识。

抗日战争对西南联大的办学造成了很大冲击，但西南联大的知识分子仍然坚持在讲坛上，呕心沥血，弦歌不已，笔耕不辍，他们用执着与坚持实践着"独立与自由"的理念。有一次，朱自清先生偶患腹泻，他为了按时改完作业，把马桶搬到书桌边，坐在马桶上，夜以继日地批改，第二天又赶去上课，竟然累倒在课堂上。浦江清先生按规定休假一年，不料假期将满，越南已被日军占领，切断了他返回西南联大的归路，不久，又爆发了太平洋战争。为了不负西南联大的聘约，他不顾关山阻隔和胃病疟疾的折磨，毫不动摇，只身向西，穿越日军封锁线，经浙江、安徽、江西、福建、广东、湖南、广西、贵州进入昆明，行程 8000 余里，历时 177 天。（杨立德，2005）[8]

没有别人的灌输，也没有外力的强迫，教育先贤们的行为，只能从对教育的执着和生命的豪情与勇气中来理解。一个灵魂唤醒和影响了另外许多的灵魂。

大学是真善美的创造与坚守之地。试想，如果没有剑桥大学和牛津大学，英国的灵魂何在？如果没有哥廷根大学（Uni Göttingen）、莱比锡大学、海德堡大学（Universität Heidelberg）、柏林大学（Universität zu Berlin）和柯尼斯堡大学，何来德国科学、艺术和哲学的伟大传统？如果没有北大、清华、南大，没有西南联大，近现代的中国又会怎样？张楚廷先生坚信，大学里最荣光的是思想着的头脑。"思想着的头脑"能正确认识人与自然之间的关系，能用心体验人与人之间的关系，源头活水皆源于此！

中国现代大学教育的状况是信息海量但缺乏经典，师生众多但缺少故事。为何这样呢？答案只有一个：知识和生命的热情之间没有建立有机的联系。

奥勒留（Marcus Aurelius Antoninus Augustus）说："不要分散你的注意力，不要过于焦虑不安，而要成为你自己的主人，并且像一个人，像一个有人性的人。"（卡西尔，2004）[12]大学是各种有人性、有个性的人的聚集，理应更具个性。知识与追求生命热情之间的有机联结在大学里应无处不在，无时不在。

第三章　智慧：大学教育的最高目标

为学术而学术，为知识本身而追求知识，执着追求万事万物背后的原因和规则，把求知当作人生的最高追求，这是大学人的基本特征，也是大学教育生命力的体现。但一个人即使知识渊博，也难免冲动、盲目，或者不道德，而智慧能够提供一种途径，使人们能更加理性地思考和审慎地判断。智慧提供了一个创造更美好、更和谐世界的渠道，因为智慧与生命的灵动是相通的。

主体是实践（包括思维和认识）的主导者和施行者，具有实践的需要和能力。作为一个生命有机体，无论就整体还是个体而言，大学都可称得上是实践的主体，而且还是以高深知识做支撑的相对来说比较独立的主体。知识本身是目的，但知识不是大学教育的全部目的。不管是认识论还是政治论，也都不是大学教育的全部目的，二者的提出已经意味着高等教育将永远不再是固定不变的了。

知识商品化及其对高等教育的影响已成为 20 世纪 90 年代中期以来的一个重要话题。知识商品化过于强调知识的经济价值，已严重影响了知识的公共属性，并对大学教育的"产品"性质、教学关系、学习意义等产生了重要影响。其实，大学教育的一切实践活动都是为了使人越来越成为真正意义上的人，大学教育最重要的任务是帮助人类获得更多的智慧，引领人们学习和了解如何建立一个美好的世界。智慧是大学教育的最高目标和永恒追求。

本章包含的几个关键词是知识、认识论、政治论、伦理德性、教育目的、教育任务、大学职能，涉及的关联词主要有理性主义、功利主义、求知态度、知性与德性、自由探求、学术诚实、知识与智慧、德性与智慧等，关涉的问题主要有知识是大学教育的全部目的吗？崇善是目的吗？什么是大学最重要的任务？大学教育的最高目标是什么？等等。

第一节　关于"知识目的论"

纽曼（John Henry Newman）是 19 世纪自由教育的倡导者和捍卫者，他的《大学的理想》开创了高等教育学科的新纪元。他提出的"知识目的论"奠定了其在大学教育领域的地位，影响十分深远。但知识是大学教育的全部目的吗？

一、背景：功利主义时代

纽曼是理性主义的代表，他在《一个大学的设想——知识是它的目的》中提出："理性是真正的生殖力的元质，谁占有它，就能显示出其特殊价值，而且就不需要在其范围以外去寻找任何目标作为它自己依赖的外部屏障。"（黄绍鑫 等，1996）但在纽曼生活的 19 世纪中期，理性主义受到了功利主义的极大挑战。

功利主义产生于 18 世纪末，至 19 世纪 60 年代声隆日上，在政治、伦理、教育等方面产生了重大影响。功利主义以人的行为的实际效果作为价值判断的最高准则，而大学的价值则以大学满足社会需要的程度为判断标准。功利主义教育思潮首先出现在美国，集中体现在"康奈尔模式"和"威斯康星思想"当中。

理性主义主张：教育是生活的准备，教育的目的是追求知识和智能。13 世纪至 19 世纪中叶，理性主义在西方高等教育思想史上占据了主导地位。19 世纪中叶开始，理性主义教育思想受到功利主义的强力挑战，但理性主义并没有在功利主义面前却步。纽曼、弗莱克斯纳、维布伦（Veblen）、赫钦斯（Robert Maynard Hutchins）等对功利主义教育思潮进行了猛烈批判，主张教育的目标是通过知识传授，发展人的理性，使人性得以完善。洪堡（Alexander von Humboldt）和纽曼是批判功利主义的代表，二人坚决反对大学教育中的实用性和职业性。

18 世纪中叶开始的第一次工业革命，极大地促进了英国经济与政治的发展，也迅速催生了英国的世俗教育。世俗教育通过世俗大学来培养科技、军事、现代生产等方面的实用人才，以适应大规模生产的需要和对外扩张的需要。新的世俗大学的不断产生和实科教育的不断增强，促使纽曼对大学的各个方面进行了深刻的反思与研究。纽曼认为，大学是传授普遍知识的场所，与纯粹的学术机构、科研机构、研究所不同，与职业培训机构更是截然不同，大学关注的重点是学生，是知识传授，因为"知识不仅是达到超越它本身的某种事物的一种手段，或者是它自然地消融其中的某些技艺的准备，而且也是人们足以安身立命以及为了它自身的缘故而加以追求的一种目的"（帕利坎，2008）[36-37]。纽曼（2001）甚至直接用"知识本身就是目的"阐明了他大学理念的基础的第一原则："知识是一种习得的精神启示，是一种习惯，是一笔个人财富，是一种内在的禀赋。""对于那些拥有知识的人来说，知识具有特殊的价值，它可以使他们无须四处寻找可以依托的外在目的。""的确有这样一种知识存在，尽管本身不带来什么结果，但值得为之追求，因为知识本身是瑰宝，是多年艰辛求索的充分的回报。"

洪堡主张通过科学研究求知，强调"个性与道德的修养"，强调"知识体系本身的自我完善"。与洪堡不同，纽曼主张通过教学而不是科研来传授知识，强调知识的统一性，强调"自由教育"和"博雅教育"。纽曼的"知识目的论"原则与其说在于它所包含的内容，不如说在于它所追求的东西，其目的是致力于发展人们对事实的尊重心，扩大理解力，以增强思考和行动的能力。纽曼的"知识目的论"主要是教育目的论，即大学教育的目的是开启心智，造就一种学识渊博、好探问、善于判断的心理或习惯，进而帮助学生获得解决问题的能力。

二、知识本身不应成为功利的目的

"17世纪末国家与知识间形成的历史契约正在逐渐变得松散"，"现代社会无论是以经济生产、政治管制还是在日常生活中对知识的依赖都越来越大"，"知识比以往任何时候都更广泛地在社会中传播"，"知识渗透进了生活中所有的领域"。（德兰迪，2010）[2]通过吸收知识和运用知识来拯救自己日益成为"现代人的宗教"（布鲁贝克，1987）[130-134]。

"不管人类知识的对象如何地相异，知识的各种形式总是显示出内在的统一性和逻辑的同质性。"（卡西尔，2004）[243]究竟什么才算是知识？费希特（Johann Gottlieb Fichte）认为，服务于人实现其全部天资的技能，便是知识。按照在人的完善中所起的作用的不同，费希特把知识分为三类。"一种是根据纯粹理性原则提出来的知识，它能一般地规定人本身有哪些天资，提供关于人的全部意向和需求的知识，全面估量人的整个本质。第二种知识是部分地建立在经验基础上的历史哲学知识，它能以一般的经验为前提，从理性根据中推知人类发展的历程，指明人类要达到一定的发展水平，应当经历哪些阶段，应当用什么手段发展人的天资。第三种是纯粹历史的知识，它能指出人类在一定时代中所处的阶段，我们在获得这种知识时，必须询问经验，必须研究过去时代的各种事件，把自己的目光转移到自己周围发生的事情上，观察自己的同时代人。"（丁永为，2008）这三种类型结合起来的知识便构成了专门的学问。

费希特认为，谁献身于获得这些知识，谁就叫作学者，也即"任何一个受过学术教育的人，任何一个曾在大学里学习过或者还在大学里学习的人，都必须被看作是学者"（梁志学，2000）。在费希特那里，学者并不只意味着大学教师，也包括大学的学生。至于学者是否应该是"通才"，是否应该无所不知，费希特（1984）认为，这是不必要的，也是不可能的，"如果非要这样做，就会一事无成"。简言之，学者只需要是某一类知识的某一方面的专家。掌握全部的人类知识是要由学者全体共同担当和完成的，而不是哪一个个体能够独自承担的。

纽曼（1996）说："我讲知识时，我的意思是，有关智力方面的那些东西是通过思维的观察和理解所抓住的那些东西；是对事物所持某种见解的那些东西；不是由于意念，而是由于观察传达得来的那些东西；理性也须依赖其洞察力的那些东西，以及能够赋予人们以一种思维的那些东西，凡此等等，无一不是知识。""我以为把牲畜所禀赋的那种被动意识及其对事物的理解力名之曰知识，似乎是极不恰当的。""在知识上，真正严肃的本质（它的效用，它的可希望的价值）是孕育在科学与哲学进程中的胚胎。这就是知识本身怎样渐渐成为一种目的，为什么被称为'自由分子'的原因。""哲学和科学都与知识有关，当知识受到理性影响而被其激发，或者用一个夸张的修饰词，受其浸染时，就可称之为科学或哲学。""诚然，当知识升华为科学状态时，它就具有了力量；不仅其本身具有优越性，而且无论什么样的优越性，它总具有更为丰富的一些东西，具有超乎它本身的一种效果，……我只是讲，知识优先于力量，这种认识是恰当的，即知识不只是一种手段，而且也是一种目的。"纽曼认为，对于理智的人来说，知识具有特殊的价值。当知识上升为一种科学的形式的时候，知识就是力量，其意义往往产生超出本身之效果。知识在成为力量之前，也是有用的，它不仅是手段，而且也是目的。

可见，知识成为力量是有前提的。这种前提是什么呢？是"当知识上升为一种科学的形式的时候"。"科学的形式"又是什么呢？纽曼眼中的"科学的形式"就是哲学。这种"力量"是什么呢？纽曼（2001）说："如果不去考虑每一个外部的和最终的目标，当知识带有哲学的特性时，它就是格外自由或尤其自足的。"哲学来自知识，哲学带来自由，自由就是力量，这就是知识的特殊价值。

纽曼将知识分为两部分，他认为，知识可以转化成工艺，最终融入机械过程，从而结出有形的果实。但知识也可借助于理智的作用，从而转变为哲学。"知识内部含有一种科学或哲学的胚芽"，"把天地万物通盘予以考虑，是哲学的骄傲，至少是哲学的雄心壮志"（纽曼，2001）[33]。前一种情况称之为实用知识，而后一种情况称之为普遍知识。纽曼（1996）认为，知识如果日趋具体和独特化，就不再叫知识或成为知识了。他说，"一种可希望有价值的知识（虽然它不会产生什么结果）本身就是一件珍宝，而且是一笔长年辛苦所得的丰富报酬"。纽曼眼中的知识主要指后一种知识，是指某种智力的东西，通过感官而领悟的东西，对事物产生看法的东西，并能赋予某种观念的东西，即自由知识。知识自我表达时，不是通过叙述，而是通过严密的推导，一开始就具有科学的本质。知识的尊贵、价值或其诱人之处，不在于它的结果，而在于它本身就具有科学和哲学过程的萌芽。这就是它为何以自身为目的，何以被称为普遍知识的原因。

黑格尔（1983）说："哲学是对于事物的思维着的考察"，是"以思想本身为内容，力求思想自觉其为思想"。冯友兰先生（2004）说，哲学是"有关人生的学说、有关宇宙的学说以及有关知识的学说"，"而思考本身就是知识，知识论就是由此而兴起的"。于是观之，纽曼眼中的知识是纯粹的智性知识、普遍知识，其实就是哲学，也即智慧的重要部分。

纽曼的"知识目的论"背后还有目的。纽曼（1996）说："当我谈到传递知识作为一种教育时，我们真正指的是心智的状态或活动。""只要他们受到适当的教育，每一个人都会显示出自己独特的能力，例如社会的常识、冷静的思考、合理的逻辑、自我控制和持重的见解。"纽曼把这种潜在的力量称为"心智"。大学自然也就成为"训练和培养人的心智的机构"。即使在纽曼那个时期，自然和人文科学已经与神学教育产生了某种教育方向上的矛盾，他还是强调："教会资助大学的目的并不仅仅是因为珍视学生的天分，也是为了他们的灵魂以及宗教的影响，企望把他们教育成为有智慧、有能力和充满活力的社会成员。"（时东陆，2006）可见，"知识目的论"背后的目的是通过传授知识，教人很好地思考和去追求真理，培养和造就有理智、有修养的绅士，而"知识从它一般意义上来说只是理智的其中一种情况，用于表述一种拥有或习惯"（纽曼，

2001）[44]。

纽曼强调知识，强调通过知识来训练理智，但他认为，"理智训练以及大学教育的真正而且充分的目的不是学问或学识，而是建立在知识基础之上的思想或理智，抑或可称之为哲学体系"。纽曼（2001）还"把理智的至善至美或理智品德称作哲学、哲理知识、心智扩展或启发"。

正如布鲁贝克（1987）所说的，"上大学已经成为现代人的一种生活方式，而且，人们向它探求的不仅是知识，不仅是关于社会政治、经济发展的重大判断和决策，而且是对人类命运的信念，是关于如何区分善恶、真理和谬误之类的问题"。不乏常识，冷静思考，逻辑合理，自我控制，见解持重，区分善与恶、真理与谬误，对人类命运具有坚定的信念，这些特征不仅仅是理智的内容，理智本身也是智慧的主要内容。可见，纽曼的"知识目的论"背后的根本目的指向应该是智慧和智慧社会。

纽曼（2001）要证明的是"自由教育的目的不纯粹是为了知识，或者说，是为了知识本身"。纽曼特意在本身二字下面加了着重号，可见，"知识目的论"背后的内容才更接近纽曼眼中的"知识本身"。而我们通常所说的"知识"与纽曼眼中的"知识本身"是截然不同的。

正如"人本身就是目的"，纽曼的"知识目的论"其本意应是强调对永恒真理的追求，强调知识与政治、经济的分离，强调大学的独立与自治，强调外部社会对大学的适应，而不是大学适应外部社会，即大学应当自己决定自己，而不应让一些异己的东西来决定自己。因为，只有知识本身即目的，人才可能主动探究知识，享受获取知识的乐趣。雅斯贝尔斯（2007）说得好，"大学自然是服务于实际目的的机构，但它实现这些目的是靠着一种特殊精神的努力，这种精神一开始的时候是超越这些实际目的的，它这样做只是为了以后以更大的清晰度、更大的力度、更冷静的态度返回到这些目的之中"。

知识本身是有价值的，大学的专业和教学不应与学生眼前的就业和社会的急切需求完全挂钩，应立足长远，注重学科的学术价值或与其他学科的关联价值。纽曼的"知识目的论"对于我们目前的"职业主义"

教育或功利教育具有警示作用，即对于知识本身的渴求在本质上应优先于任何功利的考虑。

纽曼反对功利主义和实用主义，并非反对功利性和实用性本身，而是反对教育以追求功利和实用为目的，即知识不应成为功利的手段。在一定程度上，纽曼为后来的理性主义与功利主义教育思想的融合奠定了基础。

三、对"知识目的论"的误解

"随着社会发展的加速，过去凭经验可以解决的诸如政治、经济、科技、教育、环境、人口、国际关系等许多社会问题，现在都必须依靠高深复杂的知识和专业人才来解决，而大学正是获得解决这些问题所需的知识和专业人才的最好场所。随着社会竞争的加剧，社会机构及其从业人员比以往任何时候都需要知识，作为知识的生产者和传播者，大学也必须极大地为满足他们对知识的需要提供服务。这也是大学使命合乎逻辑的发展。大学也从此走出孤芳自赏、深不可测的象牙塔。"（庞晋伟，2006）于是，人们普遍认为读大学是要获得知识，而知识本身的价值则被人为地遮蔽了。

对"知识目的论"的误解容易使大学并且已经使大学进入了误区：大学或大学教师的唯一职责就是传授知识，学生的唯一任务就是接受从教师那儿得来的知识，从而引发单纯的知识传授。特别是随着我国高等教育的扩张，这一趋势已成愈演愈烈之势。不断膨胀的大学课程，让我们越来越难以找到可以联系这些课程的内在逻辑。"有知识没文化"，"有技能没常识"，"有专业没思想"，已成为目前大学生的普遍状况。

"成功的和富有挑战性的本科教学，对于教师和对于学生来说，至少都是要求很高的。"（帕利坎，2008）[85]而当今的大多数教师热衷于将新知识添加到他们已有的知识之中，并将它传授给学生，而这种新知识是别的人在别的地方研究而来的成果，教师们只是将它们进行了巧妙的组装。但是，对于传授知识的教师来说，单纯地将现有的或已被别人研究出来的知识传授给学生是远远不够的。从这个意义上讲，他们没有属于自己真正意义上的事业，除非有利可图。

这实质上涉及教学如何开展的问题。就学生来说，学习的过程不仅仅意味着学习和接受现有的具体知识，更重要的是学习如何探究那些未知的知识，因为教育所追求的不是单纯的知识传授。纽曼坚持用知识来对学生的心智进行扩展或启蒙，他认为："扩展不仅在于头脑被动地接受此前未知的一些思想，还在于头脑针对向它涌来的各种各样的新观念，向着它们，并在它们之间同时进行着生机勃勃的活动。"（帕利坎，2008）[86]这是一种什么活动呢？就是学习新知识的同时参与或体验推进知识的过程。这个过程对学生来说是至关重要的。

大学教育不是向学生灌输现存既定的知识。洪堡特别强调大学教育与科学研究的"反思性"问题，指出必须培养学生对真理与知识永无止境的探求、创造与不断反思的精神。他认为："科学是一个整体，每个专业和学科都是从不同角度对生活现实的反思，对世界的反思，对人的行为准则的反思。""科学是与高等学校联系在一起的。唯有通过对学术的研究，与科学的交道，对整体世界的反思，才能培养出最优秀的人才。大学生要学的不是材料本身，而是对材料的理解。唯有这样，他们才能形成自己独立的判断力和个性，然后他们才能达到自由、技艺、力量的境界。"（郭齐勇，2002）

纯粹的知识不能让大学健壮。"如果说通过研究推进知识、通过教学传授知识、以学者著作保存知识、通过出版传播知识这四点是大学这张桌子的四条腿的话，那么，除非四条腿都很健壮，否则哪一条也不能持久站立。"（帕利坎，2008）[18-19]

其实，纽曼自己也意识到了当时人们对他的误解，他说："知识是扩充思想不可缺少的条件，是达到思想扩充的工具，这一点是无可否认的，应一以贯之，我把它当作第一准则来起步。然而，人们对这一点的真实性的认识陷得太深，助长了他们认为这是事情的全部这一观点。""我只想说，在它成为力量之前，它是好东西。它不仅是一种手段，而且是一种目的。"（纽曼，2001）[32]纽曼的本意是指，对知识的追求仅仅只是"成为力量"之前的"一种目的"或"手段"，而不是全部的目的或手段。

纽曼（1996）说："当知识被人们关注的时候，'教训'（instruction）一词，初看起来，似尚恰当，但如谈到一个大学，与其说它是一个'教训的场所'，不如说它是一个'教育'（education）的地方更为恰当，更为普通。譬如，在手工操作上，在优美而有用的艺术方面，在贸易中，在事务的各种情况内，我们都要受到'教训'，因为这一切只是一些方法，对我们智力本身很少或没有什么影响，只是使我们谙记、因袭、使用与涉及它们本身的一些浅薄目标。然而，教育就是较高一层的字眼了。它包含着智力上的活动以及一种性格的形成；它具有某些个别的和永久性的东西，并且通常据认为还联系着宗教与道德问题。当我谈到传递知识作为一种教育时，我们真正指的是心智的状态或活动。"因而，大学教育的目的绝不仅仅是学习知识、掌握技能，而它更为深刻的意义在于建立一种完全独立的自我意识，别于他人的文化标记，精雕细琢的人文品质。

为知识本身而追求知识，为学术而学术，执着追求万事万物背后的原因和规律，把求知当作最高追求，这是大学人的基本特征，也是大学教育生命力的体现。这恰恰说明知识不是全部目的或终极目的，但可以作为阶梯或手段，在思想的引导下向着更高的目标前进。

大学是由柏拉图的学园延续下来的，近代叫 University。美国当代著名教育家克尔（Clark Kerr）在考察和分析美国现代大学的发展历程与现状的基础上，将当代大学称为 Multiversity，即综合性大学。当代大学是由各种不同的元素组成的，具有高度的多样性，不再是单一的有机体。因而，今日之大学也不再是唯一的知识性社会机构，而是由多种目的组成的多元性社会。

亚里士多德宣称："求知不仅对哲学家是最快乐的事，而且对一般人来说，无论他们的求知能力多么小，也依然是一件最大的乐事。"（卡西尔，2004）[191]以亚里士多德为代表的古典教育观中的知识其实质就包含着德性与幸福。纽曼的"知识目的论"其实质也就是对古典教育知识观的回归，以此来达成现代人的独立、自由之境；其目的是要捍卫大学的最基本的尊严，即对知识的忠诚。

第二节　关于认识论与政治论

英国 19 世纪的神学家、教育家纽曼以其对知识的忠诚为我们树立了一面高高飘扬的"知识目的论"旗帜，而 20 世纪的美国教育学家布鲁贝克（John S. Brubacher）则在对整个高等教育领域全面深入研究的基础上发扬了这面"旗帜"，提出了高等教育的"认识论"，同时又插上了另一面旗帜——高等教育"政治论"。

当时的布鲁贝克是如何提出他的两种哲学观的？他为何只提这两种哲学观？这两种哲学观基于一种什么样的价值取向？是哲学的冲突，还是适时的中庸？他的两种高等教育哲学观为什么能成为高等教育领域里的传统价值观而被人们接受并广泛传诵？将布鲁贝克的《高等教育哲学》和克尔的《高等教育不能回避历史——21 世纪的问题》对照着加以揣摩，我们就会豁然开朗。

1960 年以后，世界上许多发达国家和发展中国家都经历了一个高等教育的大发展时期。克尔（2001）指出："积累的传统和现代的社会需要之间的对抗，对大学来说，现在正导致八个世纪以来在全球范围内最大的危急时代。在 1960 年开始并继续到可以预见的未来的这个危急的时代，虽然强度有变化，它的第一次浪潮的主题是更大的机会，现在正扎实地进行着。"能否把这些各不相同的高等教育哲学融于一体？布鲁贝克（2002）认为，"触及高等教育本质的价值观念的冲突明确地要求对此类问题做哲学性的解决，这就是说，要求通过更为根本的理论思考来澄清问题，平衡问题的正反两个方面"。本人认为，"澄清问题，平衡问题的正反两个方面"就是布鲁贝克高等教育研究的价值取向的反映。

布鲁贝克的高等教育哲学来源于美国高等教育实践，从其历史发展中来把握他的理论，也许会更有利于明了他的高等教育哲学体系和价值取向。

一、"本体"遭遇危机：认识论的提出

稍晚一点的弗莱克斯纳与纽曼前后呼应，坚持"无用知识的有用性"，认为大学应以保存、增进和传授知识为己任，他说："在最可能有利的条件下深入细致地研究现象——物质世界的现象、社交界的现象、审美世界的现象以及考察关联中的事物不停的斗争——我设想这些就是近代大学的最重要的职能……追踪科学和学问属于大学。另外还有什么属于大学呢？毫无疑问，既不是中等教育、技术教育、职业教育，也不是群众教育。"（克尔，2001）[194-195]同时，还有一批学者也坚持认为"知识是目的"。正当人们津津乐道这些经典的大学传统的时候，这些长期积累的传统已遭到了现代社会的激烈对抗。

"二战"后，美国的经济领域迅速细化，它要求每个部门、每种工作都有自身的一套学问和规律。因而，年轻人在走上社会之前，必须经过多年的大学教育，以掌握必要的职业技能。1960—1980 年是美国高等教育发展最快的时期，多元主义和扩张主义在高等教育领域盛行。正如后来克尔于 1987 年所总结的那样："随着近代文明的兴起，高等教育的背景已经发生巨大的变化。过去一个多世纪以来，高等教育已经从为需要学问的职业和高层次的文职人员服务，学生来自社会的比较处于有利地位的部分，位于社会边缘，与行会想象的地位，前进到比较中心的位置。"（克尔，2001）[48]这种"中心位置"所带来的直接变化就是学生入学数量的剧增，"这种比较中心的位置包含为更多专业、职业和行业——潜在地为全体劳动力的四分之一或者更多劳动力——服务，以及潜在地使所有成员可以入学"（克尔，2001）[48]。社会要求大学输送的不再是哲学家、文学家或社会学家，而是技术员或"适应各种奇形怪状的官僚机构要求的工具"。

"在高等教育内部，人们追求知识主要是作为手段而不是目的。"（布

鲁贝克，2002）[24]这就直接导致了 20 世纪 60 年代的"青年人造反"。那时，美国的大学生们不仅抱怨伙食、住宿等问题，有部分人甚至集会抗议高等教育本身的性质和组织结构，一些举动还演化为程度不同的骚乱和暴力行动。他们打出的旗号就是"反对以理性的名义忽略人的价值和需求"，目标直指一味追求物质成就和崇拜技术的社会风气。

20 世纪 60 年代和 70 年代迎来了美国高等教育学术界大为不满的"冬天"，布鲁贝克（2002）借用托恩比（Arnold Thornratio）的话说，20 世纪七八十年代的美国高等教育一直处在"艰难时期"。

在这种艰难形势下，"人们开始痛苦地担心高等教育无法满足他们的期望"，于是，"一些人失望地谈论高等教育的'本体危机'，甚至认为出现了'合法性危机'"（布鲁贝克，2002）[1]。这种"合法性危机"或"象牙塔的衰落"都表明美国公众对高校的信任度下降，学术道德和大学生信仰发生了严重的危机，出现了校园骚乱和动荡。正如克尔（2001）[49]所说，"积累的传统和现代的社会需要之间的对抗，对大学来说，现在正导致八个世纪以来在全球范围内最大的危急时代"。

如何对这种艰难形势做出适时的回应？如何挽救高等教育的"本体危机"？如何安抚民众的激愤情绪？高等教育究竟为何而存在？这就需要从哲学的高度予以回答。布鲁贝克的认识论——高等教育研究高深学问，正是在这种痛苦的回应中引发出来的。布鲁贝克（2002）援引康马杰（Commager）的话说："毫无疑问，大学是理性的堡垒，否则就不是大学。"布鲁贝克眼中的学术自治和学术自由都是基于这个起点而生发的。布鲁贝克强调的认识论是基于客体本身的固有，更多的是包含着主体的需要，是一种适应形势的现实主义认识论。

二、危机是"合法"的：政治论的提出

认识论的教育哲学是以大学的内在逻辑关系为依据，以学术价值为导向，以探求知识和真理为目的，注意避免功利主义的影响，提倡不以政治和商业目的去生产文凭和知识。布鲁贝克的认识论告诉民众，对高

深学问的探求是一种生活方式，高等教育的"本体"仍在。

　　然而，正如克尔（2001）所说，"社会是变化的，而且随着新知识的产生，随着技能的增加，随着需要更多的知识和技能应付前进中的文明的复杂情况，随着更多的人希望受到高等教育，教育在社会内部变得越来越重要。从而，不断地有新的服务领域打开，高等教育应该对此做出反应"。"国家的财富，过去从来没有像现在这样依靠高等教育的工作，通过高等教育做出的贡献，开发人力和积累知识，以及直到最近，有助于大国之间的军事竞争。国家政治的兴旺发达过去也从来没有像现在这样依靠高等教育帮助在全体人口中创造更大的机会，和打破留下来的阶级界限。""由于这些以及其他的理由，高等教育对社会的太多部分和太多人民来说，已经变得太重要，以致国家不能完全不管。""由于这些发展的结果，高等教育将永远不再是相同的了。"（克尔，2001）[95]积累的传统和现代的社会需要之间的"对抗"仍将继续，"危急"仍然存在，但危机正蕴含着"更大的机会"。这"更大的机会"就是通过高等教育这个手段，"人们不问遗传的背景就可以得到社会的好处，就可以在社会中起一个更加完美的作用，可以更加惬意地被吸收到社会之中，而不是被部分地拒绝站在社会之中"（克尔，2001）[239]。

　　既然一个新的高等教育世界已经诞生，接下来必须要回答的是"高等教育为谁服务"的问题。于是，布鲁贝克（2002）提出："用思维和行动相结合的实用主义来补充以现实主义为基础的认识论，是最有效的途径。"他认为探讨深奥知识不仅出于"闲逸的好奇"，而且还因为它对国家有着深远的影响。为了国家目的，为了"可以预见的未来"，高等教育应该以服务社会为目的。

　　布鲁贝克（2002）深信，"正如高等教育的界限埋嵌在历史发展中一样，高等教育哲学的许多方面也是随着历史的发展而逐渐显现的。事实上，这许多方面都是以满足各自所属的历史时期的不同程度的需要来获得各自的合法地位的"。中世纪大学、文艺复兴时期的大学、纽曼时代的英国学院是以满足当时社会的专业期望或自由教育而获得"合法地位"，那么，以满足国家需要，以服务社会为目的美国高等教育也应有其"合法地位"。

这就是布鲁贝克的政治论教育哲学观，这种教育哲学观为当时高等教育摆脱"危机"找到了一条"合法性"出口。

三、适时的中庸：两种高等教育哲学的有效和谐

布鲁贝克（2002）认为，在20世纪，大学是以认识论和政治论两种高等教育哲学为基础确立其地位的：认识论下的高等教育哲学认为人们追求知识出于"闲逸的好奇"精神；政治论下的高等教育哲学认为探讨深奥知识不仅出于"闲逸的好奇"，而且还因为它对国家有着深远的影响。

从当时来看，布鲁贝克的两种哲学价值观念也是有冲突的，"其矛盾之处在于，探讨高深学问的认识论想方设法摆脱价值影响；而政治论方法则必须考虑价值问题"（布鲁贝克，2002）[19]。但他的两种高等教育哲学为什么又能成为高等教育领域里的传统价值观而被人们普遍接受并广泛传诵呢？

正如布鲁贝克（2002）自己所说，"尽管这种观点可能看起来自相矛盾，但实际上，我们确实在某些时候是从某一方面取得高等教育的合法地位，而在另一些时候是从另一方面做到这一点的"。布鲁贝克一方面通过强调认识论来为当时的美国高等教育确定合法地位，但更多的是从"另一些时候"来为高等教育的危机寻找合法性的理由，并且这种合法性的理由是以现实主义的认识论为前提的。"这种方法大概可以使高等教育哲学的政治论和认识论达到最有效的和谐。"（布鲁贝克，2002）[24]布鲁贝克在"澄清问题，平衡问题的正反两个方面"走的是一条顺应时势的"中庸之道"。

通过对布鲁贝克两种哲学观念的提出背景进行分析，本人认为，布鲁贝克两种哲学观念的提出有很强的被动性，是一种痛苦的艰难抉择，是一种适应时势发展的中庸之道，在本质上是以实用主义补充现实主义，

不管是认识论还是政治论，都是一种基于解决现实问题的社会价值取向。

在我国，高等教育价值取向要简单得多，从"重伦理"、"重政治"到为社会经济发展服务，以及"与时俱进"等口号的流行，高等教育一直都具有明显的功利倾向。近年来，随着高等教育大众化的发展，高等教育逐渐成了人们关注和议论的焦点，对于它的批评也是越来越厉害，与 20 世纪 60 年代的美国高等教育形势有几分神似，这是值得我们深思的。

第三节　智性还需与德性相伴

高等教育无论是以知识为目的，还是以知识服务社会为目的，其中心词永远是"高深知识"。正如布鲁贝克（2002）所言，"大概把认识论和政治论的高等教育哲学结合到一起的最好途径，是重新探讨当前关于知识本身的理论"。随着信息与思想的无限扩张，现今的知识已经呈现出多元化形态，功利知识、非理性知识、信仰知识、时尚知识、为技术服务的知识已呈燎原之势，令人目不暇接。在"现代性"的推动下，不仅大学的智性受到严重挑战，更引发了大学德性的现代性危机，导致了纽曼眼中的"知识"和"教育"的分裂。

一、智性与德性的分离

"知识主要存在于'大学'这种机构之中"（德兰迪，2010）[2]，知识在社会中所处的位置反映了大学的地位。大学是真理之所还是工具之地？"大学是一个由学者和学生共同组成的追求真理的社团。"（雅斯贝尔斯，1965）[19] "大学是个公开追求真理的场所，所有的研究都要为真理服务，在大学里追求真理是人们精神的基本要求，它给大学带来了勃勃生机，是大学进步的条件。"（雅斯贝尔斯，1991）[166] "以科学为其直接任务的大学的真正活动，在于它丰富的精神生活，大学借助有秩序的分工合作从事科学研究，追求绝对的真理。"（雅斯贝尔斯，1991）[139]雅斯贝尔斯还明确指出，大学不是教会的附庸，亦非政治的傀儡，更不是经济的工具，在这里只有真理才有发言权。阿什比（Eric Ashby）也指出，大学的内在逻辑是探索和传播真理的堡垒。这是大学最基本的性质，否则，大学就不是大学。

"追求绝对的真理"与纽曼所说的"大学是一个传授普遍知识的地方"意义相同，其实质是一种至高无上的智性哲学，其前提是知识本身是善的，即知识本身是"独立的和至高无上的，它不需要外部权威，它自己就是一种宗教"（纽曼，2001）[101]。

有学者指责纽曼的"大学的目的在于知识而不在于道德"，这是不全面的。在纽曼眼里，教育是较高一层的字眼，具有很高的地位，"它包含着智力上的活动以及一种性格的形成；它具有某些个别的和永久性的东西，并且通常被认为还联系着宗教与道德问题"（黄绍鑫 等，1996）。纽曼的出发点是善的，而且他眼中的"知识本身"其实就包含德性在内。然而，随着大学场域的变迁，纽曼眼中的"知识"和"教育"受到了"现代性"的极大挑战。

"现代性"是自启蒙运动以来带有理性工具色彩和实用功利主义的一种社会历史和文化。现代性危机的核心体现在"理性"无限扩张带来的工具性、功利性对生活的专制。现代性问题的实质是道德价值问题。

大学作为一个现代组织，其制度架构与制度逻辑不可避免地会受到现代性影响而出现道德方面的问题。滔滔历史中，德性曾是中世纪大学的合法性存在。从此，大学一直高举"知识就是美德"的大旗，并以"社会的良心"赢得了人们的普遍赞誉。但自17世纪以来，随着现代主义范式的兴起，特别是19世纪以来的理性主义的崛起，知识与德性的分离在所难免，知识不再意味着美德。大学里智性至上，已经日益成为一个只讲"真理"不讲道德的组织机构。"去道德"和"负道德"现象导致现代大学道德持续滑坡：注重功利性知识，追求物质利益，大学教师的道德示范意义也随之越来越弱，等等。道德探究与德性践行的缺失使得现代大学与普通机构无异。在社会道德危机的大背景下，大学的德性传统日益丧失，大学的价值以及存在的意义正日益迷失。大学自然也就失去了应有的生机与活力。

爱因斯坦说："我从事科学研究的动机，来自一种想要了解自然奥秘的无法遏制的渴望，而不是别的什么目的。我对正义的热爱以及为人类生活状况的改善而努力奋斗，则与我的科学兴趣无关。"（胡钰，2011）爱因斯坦在创立其崭新的物理学基本架构（主要是基本概念和方法）时，不是追求具体的运用功能，而是为了求得理性与智慧的和谐。不只是爱因斯坦，柏拉图、亚里士多德、笛卡尔（Rene Descartes）、康德等人，他们在创立各自的思想体系时，其本意也不是为了一些具体的目的，不过是使人的意识与心灵以及智慧特性更加清晰、生动或和谐而已。其实，对所有人而言，对求知的渴望、对理想的追求、对正义的热爱、为人类社会的福祉而奋斗等都是人的生命热情的体现，也是人的德性的集中体现，而大学需要将它们联结起来，吸引大学人专心从事自己的事业，并通过运用知识，在对世界的凝视与深思中找到内心的安宁与自由。

而今，纯粹的对知识的生产、传播与应用正在割断知识与追求生命热情之间的联系，智性与德性的分离自然也就势成必然。

二、智性美德：大学的伦理气质

帕利坎（Jaroslaw Pelikan，2008）认为，"知识即其目的的原则必须和更大的、更具综合性的一套基本原则结合起来，这些基本原则可以归纳为'智性美德'这样的（亚里士多德式）标题"。在亚里士多德看来，"美德"（virtue）与道德（morality）不一样，美德分为两种：一种是"智力的美德"；第二种也是更重要的，是"道德的美德"，即德性。智力的美德可以靠教育得到，但亚里士多德认为，德性则不是教育能够解决得了的，只能通过习惯才能培养起来。换言之，必须在实践中才能有这种"道德的美德"。

这里的"智性美德"既包含"智力的美德"，也指"道德的美德"，二者的融合主要表现为大学的伦理气质。

大学是一个伦理场域，在现代社会实际上就是一个精神主体，其自由探求的使命、学术诚实的责任相辅相成，共同构成了大学的伦理气质。

天生具有智慧气质的巴哈欧拉（Bahá'u'lláh）指出，人类世界从未间断的各种冲突、纷争和流血的主要起因，就是人们盲目地、不加鉴别地跟随各种观念和传统，参加各种运动和附和各种意见，其中尤以宗教和种族的偏见与歧视为甚。真理的面目和光辉被嚣尘所遮掩，通向真理的道路变得障碍重重，这是十分可怕的。上帝已经给了每一个人头脑和辨别是非的能力。凡是有正常思维的人，如果不经自己的分析判断，而毫无疑问地崇拜、迷信和追求某一事物，或接受、附和某个观点或意见，那么，他就忽视了作为一个人应具备的基本道德责任。（李绍白，2010）

现代西方元伦理学的开创者摩尔（G. E. Moore，2005）认为，凡是能够提供结论的都不叫思想，而是知识。知识是建构性的，它告诉我们如何一步一步达到它今天达到的那个知识水平。但是思想只限于探求，"务必限于探求"，这个"务必"非常重要，"探求"是一个必要条件，违背它就违背了思想。大学是出思想、提供思想的地方。大学里的学者或作为"大学人"的整体更应该具备这种基本的道德责任与"务必"，因此，自由探求永远是大学的第一要务，也即大学德性的首要表现。

自由探求，一是指独立地、不断地探求真理，采取客观和实事求是的态度，通过自身的观察和分析，得出自己的结论；二是指建立一个环境，使探求的自由和创造性的思维变得可能。自由探求主要指学术上的自由以及对学术的坚定与执着。

真理对人类的存在具有最根本的价值，拥有真理是人类尊严的首要条件。学术自由首先是去探索、发现和坚持真理的自由。学术自由包括通过理性手段和系统方法发现真相的自由和通过教学与出版著作交流真理的自由。爱因斯坦从个人经验出发，阐述了他所理解的学术自由：一个人有探求真理以及发表和讲授他认为正确东西的权利。从这个意义上，我们才能更好地理解爱因斯坦所说的自由境界："科学家都离不开宗教"（李小兵，1996）[148]。爱因斯坦心中的"宗教"实际上就是一种哲学、一种信仰，即"不容易盲从、轻信，更不容易僵化、停滞。它既固守着科学所占领的阵地，又遥望着尚待挺进的疆域"（李小兵，1996）[149]。这种自由使得爱因斯坦始终以孩童般的眼睛凝视和思考着这个世界，并且乐在其中。

学术自由是一种权利，但又包含着一种义务，即学者不应该隐瞒他所认识到的正确东西的任何部分。所有人，无论其学术成就与水平如何，都享有平等的权利、地位，一旦成为学者，他们在与学者相称的责任范围之内就享有平等的学术自由。希尔斯（Edward Shils）认为，在学者个人能够自由地行使他们的学术责任时，就存在学术自由。捍卫学术自由的一个理由，是它有助于保持时时面临消退危机的学术职业的士气，进而维持学者们的创造力。（王鸿飞，2008a）

中世纪大学是我们所知道的大学的基础，现代大学的许多特征都是从中世纪大学发展演化而来的。教会是大学之母，教会大学的代表——巴黎大学甚至被纽曼称为"中世纪的荣耀"，因为当大学与教会、国家发生冲突时，大学里的学者就积极争取学术自由和权利，为大学寻求某种保护。中世纪大学的基础地位主要来自这种学术自由。

任何对学术自由的限制，都会抑制知识与真理的传播。学术自由是学术传承和学术创造的自由，而不是背离学术发展的自由。然而，学术自由正面临着变成一句华而不实的口号的危险。我们常常看到很多学术上毫无创造的人，偏要把学术自由作为保护非学术的自由；很多不适合或不安心做学术的人，成为学术同行，同行评议严重失范；在一些学术圈子里，学术自由被学者用来为他们可能随时愿意参与的政治、经济、个人等活动的合理性做辩解。人们对这种状况听之任之，就会在事实上妨碍真正的学术创造的自由，就会埋没真正的创造性。

自由探求首先是在思想不被其他关系或意图妨碍的前提下致力于探讨严肃问题的学术自由。

现今，大学教育正遭受着从上到下的国家意志和从下至上的市场力量的夹攻，这对大学的自由探求形成了有形的干扰和无形的威压。因此，进行自由探求需处理好几种关系：自由探求的基础地位，学术自由与国家、政治的关系，学术与经济的关系，学者与学术的关系。

如前所述，中世纪大学的基础地位主要来自学术自由。中世纪大学的历史和近现代大学的发展史证明，大学的历史作用在于学术自由的基础地位。

大学应当是一个独立于国家的非政治的场所，在这个场所里决不能以国家权力及党派的名义来论证某个团体或某种学说。当学术自由与政治冲突时，大学就应当独立，不能成为附庸。

日本京都大学是由国家出资设立的，但人们并不认为大学应被动地服从国家利益和国家观念。1933 年，文部省认为京都大学法学部刑法学家泷川幸辰的学说具有共产主义性质，要求将其辞退，教授会以其违反大学自治原则而坚决抵制。当抵制无效后，法学部有三分之二的教师毅然选择离开。为什么日本最早的两位诺贝尔奖获得者都出现在京都大学？其中一个重要的原因就得益于这种"学术至上，远离政治中心"的风气。（黄仁忠，2010）

洪堡指出，"就总体而言，国家决不能要求大学直接地和完全地为国家服务，而应当坚信，只要大学达到了自己的最终目标，它也就实现了，而且是在更高层次上实现了国家的目标"（贺国庆，1998）。

大学是一个独具人格的存在，任何组织和个人都不能以大学的"所有者"自居。大学财政上的资助者并不是也不能以大学的所有者自居，大学事实上的治理者也不能以大学的所有者自居。"给大学财政资助的人和受托管理大学行政的人，他们的使命是服务于大学，以换取历史可能赋予他们的荣耀，而不是以金钱和权力的理由要大学为他们的目标服务。"（赵晓力，2007）

实现学术自由除了需要制度保障外，还要给学者提供宽松的学术环境，这一点尤其重要。首先要尊重学者、崇尚学术，其次是要宽容学术上的失误或失败。

学术的自由探求是人类体现尊严的执着与努力。在对知识的责任方面，现代大学追求科学研究的"至真"境界，更要推崇以"至诚、至善"

的学术态度对待科学研究。

学术自由也是有限制的，是对问题进行科学、诚实探讨的学术结果的自由表达。凭空想象的或抄袭而来的，都不是学术自由，是不受保护的。

想象力和独创性是非常宝贵和值得向往的，但不管是学术还是非学术人员，我们不能期望每个人都有独创思想和独创性。但是，他们必须做到诚实，在研究中追求并发现真理。学术自由应该保护学者们在他们的教学和研究中的诚实努力。如果学术秩序混乱，学术自由变成了保护没有创造和不负责任的自由的时候，事情就会变得不可收拾。

学术自由是学者间的平等探讨和坦诚交流，本身就包含着对学术不端和学术腐败的制约。学术的责任与学术自由同时存在，相得益彰。"因为离开了学术责任，学术界就会无法保护学术界遭受自身的伤害。"（王鸿飞，2008b）

"大学是一个由教师、学生以及知识组成的文化机构，有其独特的主体特征、组织使命和行为方式，大学存在的核心价值是对育人、求真、服务使命执着的坚持，其保持卓越的关键在于对自由、独立、首创精神的不懈追求，其宗旨在于向至善之境的无限发展"（唐亚阳，2009），是对完善性的有意追求，深刻体现了现代大学的伦理德性。而自由探求与学术责任是大学崇善的基础与保障，也是大学伦理气质最根本的表现。

第四节　智慧是大学教育的最高目标

人们常讲，有思路才有出路，思路一变天地宽。如果不能找到简单明了、易于传播，又具有深邃哲学基础的语言来对大学教育进行概括，并将语言的感召力转化为行动的感召力，那么，一个具有全球感召力的文明就难以实现。

一个具有全球感召力的文明应当建立在什么样的基础上，抑或通过什么来引领实现呢？自从大学诞生以来，大学教育与世界从未像今天这样密不可分。近两个世纪以来，中国从未像今天这样接近伟大的经济复兴与文明复兴。而文明的复兴首先来自教育的引领，正因为如此，我们才比以往任何时候都需要寻找大学教育的特质究竟是什么，它是否能独立存在，它如何才能知行合一并引领人们不断创造和繁荣新的文明，而不是只停留在头脑中的"乌托邦"。

一、何为大学教育持久性的共同客体

我们必须自问，对于大学教育，是否有一个具有某些内在性质的东西，在你看不到它、摸不着它的时候也继续存在着呢？抑或这个东西只不过是我们想象或幻想的产物？这个问题极为要紧。因为，如果我们不能肯定这东西的独立存在，我们便不能肯定大学的独立存在，那么，大学教育给我们的整个感觉就只不过是一场梦境，我们就会孤零零地失落在一片沙漠里，这是一种不大愉快的可能性。

尽管不同的人可以以不同的方式来看大学教育，但是他们所看见的总会有一些类似的东西，而且他们所看见的种种变化也大致是服从大学教育的某种发展规律的。可以说，有一种持久的客体构成了所有不同的人的感觉材料。这种持久性的共同客体到底是什么呢？是知识还是德性？

高等教育哲学中的学术自治、学术自由、高等教育服务对象、普通教育与专业教育等诸多问题与矛盾的生成都与高深学问存在着结构化的联系，因此，布鲁贝克在《高等教育哲学》中通过对诸多文本的旁征博引和批判反思，为高等教育的各种问题寻找到了一个共同的基点，那就是"高深学问"。

一般讨论大学教育的人大都认定大学是研习高深学术的地方：大学教师的主要责任是传授知识，应当是最有学问的人；大学的学生则应当努力求学，竭力吸收人类从古到今所积存的最宝贵的知识。这是目前很普遍的看法。然而，"高深学问"抑或高深知识能否担当这种持久性的共同客体呢？世界形势日新月异，社会生活形态不断变化，教授的知识储备能取之不尽吗？学生能把教师所有的知识学完吗？大学能够确定将来

可能产生的知识吗？四年大学教育之后，学生能够将所学知识运用自如吗？知识是一个中性词，有好的知识，也有不好的知识。说到底，知识是一个过程，永远处于不断累积之中，不会成为人或大学自身的全部目的。对于"高深学问"，大多数学者实际上已把它当作研究高等教育的逻辑起点，然而起点不一定就是终点，人们为什么要研究"高深学问"呢？对"高深学问"的追求最终会指向何处呢？"高深学问"的归宿在哪里呢？

德性能否担当这种持久性的共同客体呢？如前所述，智性须与德性相伴，德性为智性的发展保驾护航。德性是大学自身特质的重要体现，但不是大学教育自身的目的或最终指向。

与纽曼的观点相反，契诃夫（Anton Chekhov）说："知识是没有价值的，除非你把它付诸实践。"（劳埃德，2006）纽曼认为知识本身是善的，而契诃夫则认为纯粹的知识不分善恶，如果不付诸实践中检验，就没有价值可言。西塞罗（Marcus Tullius Cicero，2006）认为，智慧的功能是区分善恶。而对知识的善恶进行区分并付诸实践正是大学教育的主要内容，可见，智慧本身是融知识、德性于一体的，但又不限于知识与德性。考伯（Will Jam Cowp）甚至对知识与智慧进行了严格的区分，他说："知识与智慧，远非一事，二者往往不相关联。知识是那些脑中充满了别人思考结果者所有；智慧则存于能自我思维者的心中。知识本是粗糙无用的东西，须经过相当的琢磨放在适当的地位，才可作为制造智慧之用。"（张敷荣，1948）我国知名教育家张敷荣先生早在20世纪40年代就主张大学教育应在知识和智慧之间进行重新抉择。

智慧是大学教育自身的手段和目的，也是大学自身的觉悟。只有融知识、德性于一体的智慧才能担当大学教育这种持久性的共同客体。大学教育如果离开智慧就会步履维艰。

在我们的生活中，我们每时每刻都要面对一些以事实为基础的现实，但这些事实意味着什么呢？什么是最好的回应呢？从各种有益的观点来看，智慧回答了这个最基本的问题。

我们生活在一个问题不断的时代：暴力、冲突、军火贸易、国际恐怖主义的威胁、经济不平等、贫困、环境恶化、生态遭到破坏等，所有这些问题都可能导致人口迁移，从而反过来进一步引发冲突和战争。鉴于这些威胁和前景，人类迫切需要学习用更明智的办法或方式来管理自己的事务。如果现有的所有机构都要为此做出努力的话，我们所拥有的最先进的教育机构——大学，在这个问题上无疑应起带头作用，因为大学"这种组织除了具备耐力与韧性，使它能够抗御时间的洗刷，而且还具有显著的弹性"（纽曼，2001）[23]，它已不知不觉成为社会发展的"动力站"。

大学教育是人的高级活动的集中体现。大学教育涉及两类目的，即为师生个人活动的目的和为大学教育整体活动的目的。

人的实践活动理应是有计划、有目的的过程。在马克思看来，动物只按自己那个种的尺度生产，而人却按对象的尺度和自己内在的尺度生产，因而，人的实践活动是人自己的目的与对象规律相统一的实现。但就整个人类社会发展而言，由于各种偶然因素和客观规律的自发作用，最终结局经常与人的宏伟目标不相符，因为人的目的与客观规律并不一定相符，而客观规律也往往并不迎合人的目的，人的能动作用因而显得十分重要。

人的能动作用主要表现在制定目标和在实现目标的过程中不断校正目标。大学人的能动作用就表现在能够在各种力量的斗争中，或在失败中，不断校正自己的目的，使之符合规律，从而使目的得以实现。求知、求善就是大学人合规律目的的能动表现。

"大学教育有非常实际、真实、充分的目的，不过，这一目的不能与知识本身相分离。知识本身即目的，这就是人类心智的本性。"（涂尔干，2003）追求知识、追求真理或"止于至善"可以说是所有大学师生所追求的目的，但这些目的不能概括和代替大学教育整体的目的，因为大学教育的目的不是这些目的的简单叠加，它还有更高的目的，即追求大学实践活动合规律、合目的的实现。大学教育是在目的的实现中逐步消除目的主观性，追求目的与客观规律的动态统一。在这个动态实现过程中，求真抑或求善都只是其中的目的性因素之一。

二、智慧超越知识

对世界观哲学的价值以及对世界观哲学的追求价值"首先是由智慧的价值以及对智慧之追求的价值所决定的"（胡塞尔，2002）[57]。到20世纪50年代初才卸任的芝加哥大学校长赫钦斯（2001）坚持认为，"高等教育的目标是智慧"，并且他坚信"大学所要解决的是思辨的问题"。胡塞尔（Edmund Husserl，2002）甚至提出，"对完善性的有意追求预设了对全面智慧的追求"。

作为以"大学问"、"大道理"、"大德行"安身立命的场所，大学教育存在的根本理由是求真、求善、求美，将它们融为一体并坚守之。知识求真，伦理求善，艺术求美。而如何求知、崇善、趋美，如何达成对知识和社会的责任，如何达成对幸福生活的追求，如何达成大学教育相关生态的合理性，则预设了对智慧的追求，又考验着大学教育的智慧。

什么是生活中最重要的和最有意义的，以及在道德和价值观的指导下，如何应用知识，以提高自己和他人生活的福祉？这需要智性与美德的结合。智性与美德相结合乃是构筑智慧的前提。智慧不仅是认知能力或在人们头脑里的知识宝库，也是一个道德概念，即美德的应用能力。在某种程度上，智慧可以说是知识的道德应用，纯粹的知识只是智慧的重要来源和重要部分。

涉及什么、谁、何时、何地的描述、定义等属于信息。单纯的数据收集不是信息。单纯的信息的集合也不是知识。"知识不仅用于通过研究、调查、观察或者经验收集到的事实群体，而且也指从这些事实中通过推理获得的，或者依据确切的理由当作真理来接受的理念的群体。"（帕利坎，2008）[39]知识包括策略、实践、方法或办法，即如何或怎么样。"如果用一个比喻来说明，信息犹如电话簿，知识犹如百科全书。"（帕利坎，2008）[39]信息与知识的区分，对于大学教育来说，意味着其在教学或研究之中，必须力求超出信息范围走向知识。因为信息只告诉我们其然，而知识可以告诉我们所以然。

"毫不夸张地说，对于铀元素和相对论所做的研究的实际成果已经重新塑造了整个世界。"（帕利坎，2008）[39] "这就是知识的力量、基本原理的力量和科学的力量。"（帕利坎，2008）[39] 如前所述，知识告诉我们所以然，然而，何为所以然呢？这又涉及"科学中的科学"了，也即哲学。从希伯来圣经至希腊思想家们，哲学一直是智慧的领域。因此，从根本上说，知识与智慧是不同的。

单纯的知识集合不是智慧。浮士德自强不息，追求知识，满腹经纶，相传他为了换取知识而将灵魂出卖给了魔鬼。然而，最终他感叹自己于事无补："如今，唉！哲学、法学和医学，遗憾还有神学，我全已努力钻研。可到头来仍是个傻瓜，并未比当初聪明半点！枉称硕士甚至博士，转眼快到十年，牵着学生的鼻子左右东西原地打转——最后却发觉一片茫然。""年迈的哲学家浮士德追忆他在大学全部四个传统的系科里学习过，但是在任何一个系科里也没有找到他对智慧的探索的答案。"（帕利坎，2008）[40] "大学为了保持健全，要依靠各式各样的测试，不仅考查学生，也考查教授。"（帕利坎，2008）[40] 所有这一切都可以归纳在知识一词之下，"实际上是多于信息，却又少于智慧"（帕利坎，2008）[40]。

正如考伯所说，知识与智慧之间是存在鲜明的区别的。美国本土第一位哲学家和心理学家詹姆士（William James）的才智"可以说是以关于过去的东西的学识为基础，但他的伟大本质上是由于他对当代的观念有惊人的敏感"（怀特海，2004）[5]。他的敏感来自于他对生活的了解、体验与研究。我们无须怀疑我们所继承的知识，但是"有一条伟大的原则经常被我们所遗忘了。为了获得知识，我们首先必须使自己不受知识的束缚"（怀特海，2004）[7]。智慧体现的是原则、深入的洞察或见识、道德和事物的原本。智慧根植于博学之中，但"这种智慧作为一种珍宝是任何数量的学问也不能保障的"（帕利坎，2008）[42]。从这个意义上说，"知识本身即目的"限制了大学的特质，没有表现出大学超越知识走向智慧的潜质。

现在越来越多的人意识到，知识越普及，世界也越在加速改变。明确地认识这个世界是人们追求知识的本意，可是，认识越多，人们对世界的了解反而越少。在物质文明如此鼎盛的新时代，经过了科学技术洗礼的知识，分工已日益精密，已不再是人类所能理解，更非人类自身所能控制的了。特别是"对于智性知识的过分强调，使大学变得贫瘠，只具有两维，剥夺了它的深度，并且通过它剥夺了人类社会的深度，而这种深度是来自其他的认知方式的，特别是可以被视为本能的、直觉的或者诗意的方式。""在人类生活和文化中，学术知识的常规工具被证明是不完备的"（帕利坎，2008）[42]，如"直觉与想象力具有超越于理性之上的不可取代的功能"（帕利坎，2008）[43]。

为学术而学术是大学教育的一项基本工作。但知识不是大学教育的全部目标，更不是大学教育的最高目标。其实，在"从与专业技能的关系上考察知识"方面，纽曼是有比较清醒的认识的，他"反对把专业的或者科学的知识当作大学教育的全部目标"（帕利坎，2008）[107]。

对于智慧来说，知识是一种外在的表现，是智慧的产物，具有某种程度上的被动性。而只有智慧才是主动的，才是创造的源泉，才是创造力的根本，才具有生命的活力，因为智慧与生命的灵动是相通的。

三、大学教育最重要的任务是帮助人类获得更多的智慧

社会学家们指出，当代社会充满三种相对的力量。一是维持现状的力量：希望维持现有的机构、机制和处事方式，保持全球经济的不断增长，并使财富保持在目前拥有它的人手中；二是怀旧的力量：想要回到以前的时光和保持先前的处事方式，包括简单的生活和传统的价值观，希望变革的步伐较慢；三是有先见的洞察力：对我们的生存状况有高于一般的更深的了解，认识到上述两种方法都是不可行的，着重于新的道德规范和整个社会的福祉，倡导人类社会可持续性的发展以及公平正义，主张建立公共文化机构，让人们发展自己的先天身体素质、智力、情感

和精神潜力，促进人们深刻地理解我们的生存状况，引导人们自愿发展以关怀他人为基础并与我们的生存状况相适应的个人道德，促使未来的愿景成为现实。

鉴于我们生活在一个问题不断的时代，人类迫切需要以更明智的方式来管理自己的事务，即上面提到的第三种力量。在所有的社会机构中，大学在管理自身事务方面更应当走在前面。威尔斯（Surely H. G. Wells，1920）在《历史纲要》中说："人类历史越来越成为知识与灾难之间的竞赛。"但是，大学教育如何才能帮助人类建立一个更美好的世界？如何才能在这种竞赛中取胜呢？在这种条件下，大学设想过它们的任务吗？

社会发展对大学教育提出了更高的要求，但是，在现实中，这绝不是现代大学所能做的。大学在学术上的目标是获取知识，发展技术。此外，大学的任务是培养学生的专业能力或获取职业素养，如法律、医学、工程、营销、管理，等等。如今，大学越来越重要的一个必不可少的辅助任务是获得资金。曾几何时，大学注重的是科学家或学者研究的质量，现在，这似乎越来越多地取决于带入大学里的资金。在这种情况下，大学教育帮助人类学习如何建立一个更美好的世界是不可能的。（麦克威尔，2007）

最近三个世纪，社会的演变速度惊人，从农业社会依次经过第一次工业革命、第二次工业化、后工业社会、信息社会，又迅速发展到现在的知识社会。在这个过程中，乡村、城镇、国家以至整个世界都发生了巨大的变化。那知识社会会是我们发展的终点吗？

布拉西（Paolo Blasi，2004）指出，为妥善应对新的世界形势，知识社会也应该演变为"智慧社会"，而这需要我们有一个深刻变革的心态并付诸实际行动。这里所说的"深刻变革的心态"，指的是我们既应该认识到知识于我们的伟大意义，更应该明白现代知识的无限扩张，客观上造成了一种"知识对人的控制与压迫"的现象，整个知识教育的价值倾向逐渐走向了科学化、客观化、工具化和实用化，而这种状况在大学教育中比比皆是，人人裹挟其中，又似乎身不由己。对于这种状况，我们必须有所改变。

麦克威尔（Nicholas Maxwell，2007）认为，如果大学是用一种严格而有效的方式帮助人类学习和了解如何建立一个更美好的世界，那么，大学作为学术组织，需要整体进行变革，其基本目标是促进智慧。智慧是为自己和他人实现生命价值的能力，包括怎样运用知识和技术，也许还包括更多。未来并不属于"博学者"和知识社会，而是属于智慧人士和智慧社会。我们确实需要一场立场鲜明且大胆的变革，而且时不我待。

为什么不呢？引导社会向前发展是大学教育的使命与意义，如果大学教育不能帮助人们学习如何以更加公平、公正和合作的方式解决我们当前的冲突和社会问题，大学教育应该以什么作为学术的目标？如果大学教育以一种深思熟虑的方式来教授和促进人们的智慧，而不是把它当作一句挂在嘴边的口号，大学教育又有什么需要改变的呢？大学教育怎样才能更好地为人类的最高利益服务呢？

如何付诸实际行动呢？布拉西（2004）认为，知道如何利用信息是知识，知识不仅是科学（特别是自然世界），它也关注艺术与人文世界，特别是精神和形而上世界。精神和形而上世界对人类发挥了重要作用，给人生以意义，并对改善人们的生活质量起了重要作用。而智慧则意味着善用共享的知识来增加每个人的福祉，并且认识到个人的行动会产生相应的社会后果。今天的每一个人都与这个世界其他的人和事相关联。为了实现"智慧社会"，我们必须广泛地运用知识，以一个良好而平衡的方式来促进不同层面的人的发展。每个人都应该知道自己的责任，并充分利用自己的潜力。

知识社会最终会向智慧社会转变，而高等教育是推动这个转变的主要力量。"在从知识社会转型到智慧社会的过程中，信息和知识社会中的义务教育已发挥了重要作用，现在，这种作用应尽可能地延伸到高等教育。"（布拉西，2004）德鲁克（Peter Drucker，2005）说："高等教育面临的挑战是把知识合并到我们真正需要的'知识领域'，能在知识社会定义受教育者的是理解各种各样的知识的能力。"

　　康德认为，人类的历史进程不过是大自然的一个隐秘计划的实施过程，它充满了个体、民族与类的种种对抗，贯通着历史普遍性与历史特殊性的矛盾冲突。（张雄 等，2008）在现代社会里，人类的市场欲望直接导致了现代性历史意识的产生，个人的特殊愿望或需要并不刻意地表现为社会的方向，文化精神充满人的原始欲望的制造与扩张，传统的认知世界的模式与知识系统受到了怀疑与挑战，利己主义的行为方式已被理解为世界历史进程中最具普遍意义的回应。

　　然而，我们不是生活在一个纯粹的市民社会中，我们生活在一种更为深刻的社会总体性中，有对普遍性崇高境界的需求与追求，以营造健康向上的精神家园。形式化、公式化、计量化的社会现实与社会总体性的发展需要不断向大学提出新的问题。面对新问题和挑战，大学如何才能立于不败之地？大学自身应该走向哲学，走向智慧，成为社会的智者，更多地关注生命的本源、生命的意义，引导我们从物的、功利化的"此在"中超脱出来。要做到这一点，大学教育应该帮助被教育者具有自己的哲学头脑和智慧。也许这才是大学生命灵性的最好表达。也只有这样，才能将布拉西所说的"深刻变革的心态"付诸实际行动。

　　什么是大学教育最重要的任务？想象力和生活中关键问题的探讨应成为学术界的核心。学术界需要给予公众教育更多的重视、质疑和辩论。我们有效地解决贫穷、战争、全球气候变化的问题和恐怖主义等的唯一的希望就是认真、民主地对待它们。但是，政府是不太可能在一切方面都比他们的民众更加开明的，这反过来又意味着，民族国家的民众会更了解我们生活中的问题以及全球问题，并知道需要做些什么，因为每个人都希望人类在建设一个更美好的世界方面取得进展。"大学最重要的任务是帮助教育公众了解我们需要做什么，以避免未来可能发生的不利行为或灾害。"（麦克威尔，2009）由此可见，大学教育最重要的任务是为了使人类（主要是学生）能够为自己的利益和人类的福祉努力地理解知识和明智地使用知识，即发展民众的智慧。

费希特（1984）特别主张学者要有一种不怕任何艰险去完成自己的使命的火一般的热忱，要有一种敢想敢做、忍受痛苦和至死忠于真理的献身精神。大学教育是学者们的集体行为，大学教育应该为实现这一"最重要的任务"而具有火一般热忱和执着的献身精神。

四、大学教育需要智慧：从有限的学术职能到无限职能的转变

大学教育作为一个"生而长之"的有机体，其中重要的方面就是职能的生长，从少数职能增加到许多职能。最初缓慢增加，近两三个世纪以来增长迅速。"早期的大学开始是目的有限的机构——主要从事专业人员的训练，诸如律师、会计和办事员，帮助不断扩张的商业和发展中的地方政府，如博洛尼亚大学；或者学者和牧师的训练，帮助教会从黑暗时代恢复过来，如巴黎大学。后来，在不同的时间和不同的地方，在一个比较文明的贵族统治兴起时，增加了'绅士'教育；在民族国家变得比较重要时，增加了高层公务员的训练。在这个演进的过程中，大学独立做学问的职能逐步发展，社会批评家的职能也逐步发展。近代大学从增加科学研究和训练有技能的人应用新的工业技术开始，近代的军事科学被用来鼓励这些发展。服务的职能主要是科学的一个副产品。"（克尔，2001）[263-264]

早期大学的职能主要是智性的、有限的。而今，这种有限的学术性职能已向无限的职能转变，大学教育"越来越被利用在任何被认为可能对私人或公共福利做出贡献的地方，而且有时不注意贡献的学术内容。高等教育现在较少地属于学术行会和上层阶级，较多地属于广大公众"（克尔，2001）[263]。

克尔（2001）将大学教育传统的职能系列与新的现代的职能系列进行了比较，认为传统的有限的职能系列主要包括专业训练、个人道德、行为修养和专门化的科学研究，这种职能系列重点是学术性的，它们之间部分地一致或者至少是兼容的。新的现代的职能系列主要包括社会公平的促进、生活质量的促进、政治改革的促进、对青年的责任和对未来

社会的整合性的思考，其重点是准学术性的，它们之间是不一致的，在某种程度上是不兼容的。旧的传统的职能已经扩张，新的职能不断分化以至渐行渐远。

大学教育职能的不断分化与扩张是多种因素交织的结果。大学教育职能的每一次分化都是在试图回应某个时代大学发展面临的新问题，大学教育职能的每一次扩张都反映出社会对大学的新诉求，更反映出人们对大学认识的不断深化，也表现了大学的价值倾向。"每一次大学职能的拓展，都不同程度地激活了大学的能量，促进大学进入前所未有的社会领域。"（邬大光，2010）于是，大学要做的事情不是减少了而是增加了，同时，问题也在激增。

大学本身已不再是一个单纯的从事教学活动的场所。"今天的大学形态已不完全是中世纪大学的'学者行会'，也不再是纽曼心中的'理想大学'和弗莱克斯纳笔下的'现代大学'。今日大学已经分化为类型多样、功用多重的'知性复合体'。"（邬大光，2010）面对全球化、知识化、信息化、多样化、市场化等机遇，从学术伦理到学术自由，从教师的责任到学生的本分，大学的价值在各个方面面临挑战，政治力量不降反升，学术研究和教学质量日益受到质疑，人们越来越担心激烈的市场竞争环境及这种环境中形成的知识经济会将我们的学术价值与传统抛诸一边，将会摧毁我们的大学。大学教育究竟应该怎样应对？社会环境的变化又会给大学教育带来哪些变化？这意味着一个创新的大学教育时代已经来临。

知识社会不是我们的终极目标。建立在知识基础之上的社会将会有许多明智的价值观，既可引导个体生命的智慧，也可引导社会机构走向智慧。这些价值观就是真理、诚实、公正、合作、和平、同情心、普遍的福祉、创造力和全面的认识等。这些价值观将会尽可能地根植于社会系统，使个人和社会机构产生明智的行为，并使这些价值观迈向未来。大学教育应该是推动和加速这个过程的主要力量。

然而，在捍卫"象牙塔"精神和引领社会发展的"动力站"之间，在超凡目标与服务不完美现实世界的压力之间，在自身力量与外界的限制之间，现代大学又如何在秉承厚重的遗传的基础上，发挥自身的榜样作用，创造新智慧并为日新月异的社会服务？历史的车轮滚滚向前，如何尽可能向前发展而不是倒退，考验着大学教育的智慧。

张楚廷先生（2007）认为，大学是大智大慧相互碰撞的地方，大学是社会的头脑。换言之，大学是社会的智者，大学教育进步则社会进步，大学教育如果缺乏思想与想象则整个社会就会庸俗不堪，大学教育如果缺乏智慧则整个人类和社会就会失去生机与活力。总之，智慧是大学教育的最高目标和永恒追求。

第四章　智慧的特性与大学教育的智慧

　　智慧既是西方人的价值和生活追求，也是东方人的人生理想。智慧是人类的一种比较高级的认识、实践和生活方式。如果我们要避免战争、死亡、专制、贫穷和环境损害等，我们就迫切需要了解如何获得更多的智慧，而这反过来又意味着，我们的高等教育机构须对此保持高度关注，并一心一意地去追求智慧，因为智慧是大学教育的最高目标。

　　由于智慧的复杂性，研究人员难以发现定义智慧和拥抱智慧的科学方法，但我们仍然可以看到，探求智慧仍然是各个领域学者的重大关切。

　　智慧不是单一的，它是一种高于寻常的存在与生活及对待世界的整体呈现状态。正因为如此，加上个人对待智慧的方式及程度不同，因而，在这个问题上没有简单的答案，但我们可以从以下几个方面探讨智慧的共性：深入学习是通向智慧的基石；智慧离不开思维与道德；智慧具有开放性和灵活性，特别是未来意识；智慧具有综合性，既是行动、实践，又是知识、理论。智慧的主要特征涵盖了认知、动机、情感、道德和个性人格，它们并不完全不同，但相互支持和互动。

　　智慧的综合特征与素质为满足我们迎接当代的挑战，以及引领人类未来的发展提供了一种远景，同时，也为大学教育提供了一种理念与路径。这正是大学教育的未来。

　　大学教育智慧是大学通过历史积淀及其成长过程中所生成的包括教育认知、思辨、意志及教育伦理德性在内的整体活动中所体现出来的最佳心理结构、精神力量与行动能力。大学教育智慧既不等同于哲学智慧，也不仅仅是教师教学智慧，大学教育智慧就是一种实践智慧。

　　本章包含的几个关键词有智慧、启蒙、觉悟、教育智慧、大学教育智慧；涉及的关联词主要有美德和价值、思维方式、未来意识、共性、哲学智慧、教学智慧、实践智慧、教育愿景等；关涉的命题主要有智慧具有无上的美德和价值，对智慧的追问是大学自身对自身的觉悟，智慧具有综合性，大学教育智慧就是一种思与行相结合的综合实践智慧，等等。

第一节　智慧的美德和价值

　　人类面临着诸多重大挑战，如可持续发展的需要、财富和资源分配不均、种族冲突、商业化意识和过度消费十分明显、复杂的思维和认知以及智慧的价值正在下降、全球性的长期的伦理缺乏、知识和道德标准日益缺失，等等。现代流行的文化往往就是这些问题的外在反映并呈现消极趋势。这些消极趋势犹如生活的狂热正在加速增长，肤浅的东西正逐渐占据人们的头脑。

　　教育也在呈现出一种不良的趋势，只重眼前，轻过去和未来，日益强调职业技术和高科技产品的方便快捷；学生、家长和社会都在强调速度胜过深度，强调利益驱动和自我服务型的职业，轻视努力工作和持续的思想；学校轻视社会责任，注重分散的短时性的教学，而不是提供综合课程和全面的教育；人人都在学习，但又不爱学习，并不追求知识。知识与追求生命热情之间的联结不断松散并日益被割裂。

　　我们的流行文化往往显现出肤浅、浮躁和支离破碎，有时甚至呈现出反知识的特点。面对信息无限传递、多元文化迅速发展的世界，我们需要扩大视角，慎重考虑，整合各种概念和方法来看待问题，同时也需要对学习充满热爱。现代教育如果不能教育人们如何学习，我们就可能会延续这些消极的文化，并在这种潮流中不能自拔。

于是，人们呼唤一种新的思维方式，其中就包括增强未来意识的能力，以便成功地应对世俗挑战和当代社会的问题。学术界对有关的问题也有不同的反响，也有一些人士呼吁对教育进行改革，以适应当代世界的要求。随着我们从工业经济走向全球性、多元化和以能力为本的社会，教育的目标在 20 世纪就已经发生了改变。过去的重点是强调背诵、演练和机械学习，当今教育强调促进学生分析能力和深刻理解能力的发展，强调思考和批判性阅读的能力，以及沟通能力、解决复杂问题的能力和积极参与民主进程的能力。但也许，学生最应该发展的是支持终身学习的学习策略，他们必须学会如何学习并自觉地去做。

如何解决上述问题呢？西方一些当代学者认为，对智慧的培育将大大有利于现代社会和教育实践。如果智慧有助于更多问题的解决并强烈影响我们在现代世界过程中的判断，我们就会在解决当今的社会问题上取得重大进展，并创造更加美好的世界。如果智慧被我们放在更加重要的地位，以上提及的负面的文化趋势，则可以减少或实现逆转。

对于智慧的理解可谓仁者见仁，智者见智，但大家在其中一个方面的意见是一致的，即智慧是可取的，人见人爱的，且在某种意义上，是优于一般的。从 20 世纪起，智慧这个词已不常用，具体的原因尚不清楚，人们喜欢用知识、卓越、智力、聪明、能力、效率和明智等词，这些词语与智慧挨边，但并不代表智慧本身。

智慧综合了人类思维的主要能力，包括多种思维模式，如分析、推理、直觉和综合等，智慧还包括动机、情感、人际和个性因素等。智慧把过去和未来联系在一起并进行扩展，是未来意识的最高表现。西方一些研究人员认为，智慧可能是人类思维最高水平的发展。所有这些素质显然将有助于人类及其文化的改善。

社会历史的发展总是表现为某种片面性，这就需要人们对社会的总体行为和历史的总体进程进行全面的反思、深刻的反省、规范性的矫正和理性的引导。而如何才能反思到位？如何才能正确引导？这离不开智慧的运用。拉蒙德（Deane Drummond）指出，"智慧像一个行动指南，而不是一个固定的预定目标得以实现"（特罗布里奇，2005）。哈奇森（Francis Hutcheson）认为，"智慧是达成完美目的的最佳途径"（特罗布里奇，2005）。

智慧是一种看待世界的方式，"是为自己和他人实现生命价值的能力"（麦克威尔，2007）。对智慧的追求和实践应该是教育的焦点。智慧也是教育实践需要培养学生的最主要的个性特征。智慧应该处于教育和学术研究的核心。未来学家史密尔（Rick Smyre）甚至呼吁对人类进行"第二次思想启蒙"。"第二次思想启蒙"就是对智慧的追求。

第一次启蒙即我们通常所说的启蒙时代，通常是指在18世纪初至1789年法国大革命期间的一个新思维不断涌现的时代，它与理性主义一起构成一个较长的文化运动时期。这个时期的启蒙运动覆盖了各个知识领域，如自然科学、哲学、伦理学、政治学、经济学、历史学、文学、教育学等，主张传播科学知识以启迪人们的头脑，破除宗教迷信，反对封建专制制度，宣扬自由、平等和民主。启蒙时代的学者力图以经验加理性思考而使知识系统独立于宗教的影响，作为建立道德、美学以及思想体系的方式。启蒙运动的目的是引导世界走出传统教义、非理性、盲目信念以及专制。

学校制度开始于中世纪，而教育学则开始于启蒙时代。启蒙运动极大地改变着教育。如伏尔泰（Voltaire）提倡天赋人权，认为人生来就是自由和平等的，一切人都具有追求生存、追求幸福的权利，这种权利是天赋的，不能被剥夺。启蒙运动的先锋人物康德提出"人就是人"，而不是达到任何目的的工具。启蒙运动的口号是：要有勇气运用你自己的理智！从这个意义上说，启蒙是一种思想的精神、思想的力量，正如康德（1784）所总结的："启蒙运动就是人类脱离自己所加之于自己的不成熟状态。"

启蒙的本意不是追求新奇怪特，而是常识的普及。现代的社会生活正在全面世俗化，而这需要生活在其中的人们眼睛变得明亮，知觉变得敏锐，思想变得灵敏并有解释能力。这为当今的教育改革提供了新的契机。

当今之世，提倡"智慧的启蒙"是对第一次启蒙的顺时接应。如果说第一次启蒙是人的思想的解放，是从扼制人性的社会回到人的内在本身的话，那么，对智慧的追寻则是人自身对自身的觉悟，是从个人的解放进而扩展到整个人类社会的美好未来。

第二节　对智慧的追问：大学自身的觉悟

何为觉悟？"觉"有觉察、觉悟两层意思。觉察即察知恶事，不受蒙蔽或欺骗。觉悟即领悟真理，从迷惑中醒悟，进入到一种清醒的、自觉的状态。其实，生命本来就具有自觉的力量，譬如佛，即具觉悟之义，既可理解为自觉、觉他，也可理解为觉行圆满。佛教修行的最高境界就是彻底圆满的觉悟。觉悟之后的感觉就像窗户纸被捅破，犹如破除懵懂之后人就踏实多了。

一般而言，先有所觉，然后才有所悟。觉是瞬间，悟是过程。如果有深厚的知识做支撑，再加上平常多反省一些，人可能就会觉悟得更深、更多一些。一个人觉悟的高低决定了其能动地参与自身及社会活动的方式和方法，从而最终决定其活动的效率和成果。因此，在一定程度上，我们也可以说觉悟就是态度，就是世界观和方法论。智慧存在于高度自我思维者的心中。从这个意义上说，"觉悟"和"智慧"实际上是一体的，它们需要哲理思辨，但仅仅依靠哲理思辨还不够。

人的一生都在学习、成长、完善当中度过，在这个过程中我们每天都在了解世界，了解他人，了解自己，觉悟着或大或小的事情。觉悟是有内容的，并不是空洞的，是针对具体现象、具体心态的，表现为对现实人生、人心的关注与关爱。

觉悟是一种超越，它对事物有更高角度的审视，但它并不脱离具体事物，也不逃避现实烦恼，而是在了解世间事物真相之后，不为事物、烦恼所左右，用积极的态度和方法寻求对事情的解决。

任何觉悟都是基于更深层面的生命，都是生命之升华。觉悟实际上是离不开现实生命的，它不仅关注生命现象，而且觉悟的现实也是基于对人内在、宇宙更深层次生命力的觉醒。实际上，觉悟展现的是人内在本性更深层面的生命力。觉悟是活泼的，不是保守的、安于现状的，它既离不开对世事的关注，更是对自身有限性的突破。

历史和逻辑证明，在所有社会机构之中，大学最具觉悟之境，因而与智慧最接近。从中世纪的大学到今天的大学，大学发展至今已走过900多年的历程，大学的形态、组织已发生了巨大的变化，大学教育也是常变常新的，但大学引领社会智慧的精神始终如一。今天的大学教育面临诸多内外挑战和压力，对这种挑战和压力的回应更加接近大学的本性。

现在很多高校都将工作的重心放在眼前的利益上，迷失在对"力"的崇拜之中。功利化倾向、实用化倾向、片面化倾向以及日益严重的"官本位"现象，是我国大学教育存在的主要问题。高等教育机构本身的功能还需要继续进行深刻的、严肃的、多学科的探索。

大学作为独具灵性的存在，究竟是谁的大学？谁的实践？谁的智慧？智慧有什么共同的特性？为什么人见人爱？教育智慧是侧重形而上智慧还是侧重形而下智慧？如何把握大学教育智慧的基本内涵？为什么要追寻大学教育智慧？大学教育如何才算拥有智慧？如何更好地表达和实施大学教育智慧？大学教育是在独善其身中修炼自身智慧还是在促进个人和社会智慧中体现其智慧？对大学教育智慧的理解是否需要常变常新？如何正确阐释和恰当评价大学教育智慧？其合理性和现代价值何在？等等。这些都是众所关注、众说纷纭的话题。这些问题需要我们认真反思和解答。

生活通过思想展现魅力。思想作为理性认识的最高形式，超越了感性认识的局限，能自觉追问和自为创造。自我通过思想的反思映衬着内心的浩大与无穷。在这改革与发展的时代，生命要不断成长，现代人要过一种健康而有意义的生活，还需要从向外的驱驰中回归生命本身，在反思中获得生命的成长。对上述问题的追问表现了人自身的觉悟以及大学自身的觉悟。

觉悟是基于内在更强大的生命力的自我超越，是不断的、无限的生命的升华，智慧的展现因而也是无限的。如果说知识是对规律的认识，那么智慧便是超越个人、民族、国家、时代等的羁绊，是对真、善、美的觉悟。

第三节　对智慧的探求生生不息

智慧是一个古老的话题。在哲学史上，哲学家们无不以追求智慧为荣。对智慧的追寻是人类希望的永恒见证，是明智和理想的选择，影响着人类的福祉。

由于智慧的复杂性，研究人员难以发现定义智慧和拥抱智慧的科学方法，但我们仍然可以看到，探求智慧仍然是各个领域学者的重大关切。

智慧随着民族精神的演变，不仅体现每个时期的时代精华，而且其内涵也不断发生转变，从而使智慧生生不息，以至充实完善。但辨别智慧是一件很困难的事情，不同文化对智慧有不同的理解与探求。

一、西方对智慧的探求

（一）西方正在掀起探求智慧的高潮

在西方，有不少声音要求教育应该促进智慧的发展。在《小的是美的》（*Small is Beautiful*）这本著作中，舒马赫（E. F. Schumacher，1975）说："毫无疑问，整个人类目前正处在致命的危险中，这并不是因为我们缺乏科学和技术，而是因为我们倾向于破坏性地使用它，毫无智慧。只有更多的教育才可以帮助我们，如果教育能产生更多的智慧的话。"舒马赫还指出，科学和技术必须打开智慧的大门。

　　十年后，也即 1984 年，麦克威尔出版了《从知识到智慧》（*From Knowledge to Wisdom*）一书。麦克威尔建议，学者应对"个人和社会生活的最大的价值所在"进行理性研究并广泛合作，其基本任务是"帮助我们发展更明智的生活方式与更明智的社会机构、习俗和社会关系，发展更具智慧的世界"。他还指出，"如果学术研究的重点从寻求知识转入寻找智慧的话，学术将会给社会带来更大的价值，高等教育机构就会有利于创造更多的社会智慧"，"应揭示和发现这些少见的、复杂的、协作的行动，并让每个人都从中受益。这样的话，高等教育机构就可以超越现在，成为一个有效的变革力量"。

　　麦克威尔还以个人名义一直参与两个倡议行动。一是参与一个由 200 多名学者和教育家组成的被称为"智慧之友"的新的国际团体，倡导学术研究应当通过合理的方式帮助人类获得更多的智慧。二是担任《伦敦教育评论》（*London Review of Education*）的客座编辑，从 2007 年 6 月（第 5 期）开始，专门讨论"大学的智慧"。而引人注目的是，在同一时期，另外一些学术期刊也相继开始了对类似问题的探究。随之，与促进智慧发展的相关研究也进行得如火如荼。

　　2006 年，包含"智慧"二字的网页增长了 1200%，达 1 亿 7 千多万页。2009 年 5 月 18 日，麦克威尔通过搜索谷歌网页，并对各种相关的主题进行了汇总，其中"环境研究"9910000 条、"发展研究"7210000 条、"和平研究"529000 条、"政策研究"2160000 条、"科学、技术和社会研究"297000 条、"智慧研究"5510 条、"从知识到智慧研究"18100 条、"智慧探索"625 条。（麦克威尔，2009）[13-16]这些数字可能有大量的重复，数字本身也许不能告诉我们很多，但我们从中可知，西方对智慧的探求已涵盖各个领域，而且对智慧的理解要比我们宽泛得多。

　　出现在谷歌当中的最有意义的项目是麦克唐纳的"智慧网"。麦克唐纳是一位作家和独立学者，他撰写了 8 本书籍（其中 3 本是关于智慧方面的）和许多文章，还有评论和专栏。自 1995 年以来，他建立了专门讨论智慧的网页。多年来，该网站的内容和普及的区域日益扩大，智慧网页已发展成一个智慧资源网，吸引了大批对智慧有兴趣的人。现在，来自 130 多个国家的人每个月在该网站发表的文章、博客和游客的图片已超过 24000 条。该网站汇编了各种有关智慧的在线文本，罗列了关于智慧的参考书籍、促进智慧的组织信息，同时还整理了 800 多个关于智慧的书目并随时更新。智慧网的团队包括作家、教师、研究智慧的专门人员，以及所有视智慧为个人生活和社会福祉的中心的各界人士。

巴尔泰什（Paul B. Baltes，1987）乐观地认为，智慧可以被实证研究。随着 20 世纪 60 年代开始发展的生命研究，越来越多的认知心理学家正在将智慧的应用问题纳入研究范畴。阿瑞特（Arete）甚至在芝加哥大学倡议成立 200 万美元的基金，专门对智慧的性质和价值进行研究。近年来，关于智慧的心理学研究在美国、加拿大、德国和其他地方蓬勃发展。（麦克威尔，2009）[13-16]西方专家学者除了从理论上对心目中智慧的概念与结构进行阐述外，部分研究者还在实证调查的基础上建构出各自的智慧心理学理论，还有一些研究者开展了丰富的智慧教育实验。特别是 21 世纪以来，随着研究视域的开阔、研究方法的改进、智慧教育的推动以及认知科学的发展，西方的智慧心理学在智慧外显理论及其研究方法方面取得了重要的新进展。

（二）西方对智慧的经典探求

自古希腊与先秦起，东西方思想家就对智慧展开了探讨。古希腊时期，哲学家毕达哥拉斯首创融学术、政治、宗教和教育性质为一体的学园，提倡把智慧作为生活追求的对象，并且把"爱智慧"作为毕达哥拉斯学园的宗旨。这种通过对智慧的追求达到灵魂净化的"爱智精神"被后来的柏拉图学园、亚里士多德学园、伊壁鸠鲁学园所仿效和继承。古希腊的"爱智精神"对后来的欧洲大学的发展产生了深远影响。（庞晋伟，2006）

在英语中，表达智慧的词有两个，一是 Wisdom，二是 Intelligence，前者包含学识、明智的行为等意，后者包含智力、聪明和智能等意。本书主要取前者之意，兼及后者。

按时间分类，西方对智慧的探求可分为四个主要时期：前哲学时期（苏格拉底之前）、古典时期（以苏格拉底、柏拉图、亚里士多德、斯多葛学派哲学家为代表）、基督教时期和现代时期。（特罗布里奇，2005）

对于智慧的理解，其中较有代表性的主要有亚里士多德、洛克、怀特海（Alfred North Whitehead）、罗素、伽达默尔（Hans-Georg Gadamer）、斯顿伯格（Robert Sternberg）、布朗和特罗布里奇等人。

亚里士多德（1959）认为，"智慧由普遍认识产生，不从个别认识得来"，"智慧就是有关某些原理与原因的知识"。亚里士多德将人类活动区分为理论、实践与创制，将智慧区分为形而上智慧与实践智慧，并着重强调实践智慧。亚里士多德认为，理论把握事物的原因和原理，求知普遍性和必然性，进而与永恒的神性相契合。而实践是与实现人类的"善"这一目的联系在一起的。亚里士多德的实践重在强调人的道德行为，与我们通常所指的实践意义含义要狭窄得多。相对于理论领域的形而上智慧，亚里士多德的"实践智慧"着重指伦理与政治行为，其实质就是伦理德性。

也有后来的研究者认为智慧是德性的最重要部分。而在亚里士多德看来，只有实践智慧才能使人具有真正的德性，而一个没有德性的人是不可能具有实践智慧的，德性与实践智慧没有先后之别，彼此包含而又互为条件，是密不可分的。

英国教育家洛克（1999）说："我对于智慧的解释和一般流行的解释是一样的，它使得一个人能干并有远见，能很好地处理他的事务，并对事务专心致志。"洛克还把近代的绅士教育归结为德行、智慧、礼仪和学问四件事，其中智慧最为重要。

英国著名的数学家、哲学家和教育理论家怀特海（2002）说："智慧是掌握知识的方式。它涉及知识的处理，确定有关问题时知识的选择，以及运用知识使我们的直觉经验更有价值。这种对知识的掌握便是智慧，是可以获得的最本质的自由。"怀特海还指出，在古代学校里，哲学家们渴望传授的不是零碎的知识而是智慧。

20世纪英国哲学家、数学家、逻辑学家、历史学家罗素以一个哲学家的眼光审视了智慧，并为后人贡献了他的智慧。他指出："我们需要智慧，不仅在公众生活中，在个人生活中也是如此。""智慧的精髓在于解放，尽可能地将人从'此时此地'的束缚中解放出来。""我们不难看见，知识广泛但感情狭隘的人绝非罕见。这些人缺乏被称为智慧的东西。"罗素眼中的智慧微观而又宏大，他甚至断言，今天的世界比过去更需要智慧。如果知识继续增长，未来世界对智慧的需要则会更甚于今日。

当代科技的迅猛发展以及由此附加的种种问题，既是我们文明的标志，也是我们文明的危机。伽达默尔致力于复兴和弘扬亚里士多德的"实践智慧"。伽达默尔（1988）呼吁，我们唯有重新恢复亚里士多德所谓的"实践智慧"的权威，恢复富有生命力的真正的人文科学模式，以实践理性抵御现代技术对社会生活的掌控，我们才能控制盲目的科技应用，使之不产生危害人类的后果。伽达默尔重视传统，通过对一切方法论基础的反思，特别是在现代科学范围内对"万能"的科学方法的抵制，将人类自身的发展提升到存在的高度，引导人充分实现自己的人性道路。

斯顿伯格是耶鲁大学的心理学IBM教授、PACE中心主任和美国心理学协会主席。他在2003年写道："如果有什么事是世界需要的，它就是智慧。没有它，我可以毫不夸张地说，很快，有可能就没有世界的……"斯顿伯格（1998）还提出了一套著名的智慧平衡理论（Sternberg's Balance Theory of Wisdom）：智慧涉及个人自身与人际关系、长期与短期目标和后果、适应与改变之间的平衡。

最有代表性的是布朗（2004）关于智慧发展的模型。该模型为描述智慧、智慧如何发展、有利于智慧发展的条件是什么等奠定了一个框架基础。该模型最初只涉及教育。布朗的智能模型是由6个相互关联的因素或方面组成的：自我认知、理解他人、判断、生活知识、生活技能和学习的意愿。自我认知是指一个人知道他自己的兴趣、优势、劣势和价值观之所在。自我认知的特点是个人的可信性和真实性在各种情况下保持不变，包括成功、实现、满意度等的个人轨迹方面的关系和目标。理解他人是指一个人能深刻理解不同背景和不同情况下的各种人，有了解（关心、同情）他人的真正的兴趣，有吸引他人的能力，有帮助他人的意愿，并拥有良好的沟通技能。判断是指做出重要决定时，能用不同的方式看待问题，并考虑到各种不同的观点、历史、现状，以及个人的背景。判断的特点是敏锐的直觉和鉴别力。生活知识包括相互沟通、正确处理人与自然世界、知识和思想的关系的能力，并能看清生活中各种问题的更深含义。生活知识的特点是有把握核心问题的能力，并能在各种不利的条件下找到自己适当解决问题的方式。生活技能包括有管理自己日常多种角色和责任的能力。生活技能是一种实际能力，能够理解系统和预期的问题，能用工具和策略来处理多种背景生活的能力，并具有不断学习的兴趣和意愿。当一个人通过"从生活中学习"阶段的关键一环的时候，他的智慧就得到发展了。在"从生活中学习"的阶段，他们将课堂内外和校园内外的习得反映、整合并运用到他们的生活中。定向学习、经验并与他人互动是直接促进一个人智慧发展的三个条件。这些条件都发生在一个特定环境中，并影响一个人学习和发展的方向或定位。布朗的智慧发展模式已成为研究大学教育决策的基础，并已被用在教育环境中指导政策和实践的框架。

特罗布里奇博士是研究智慧的集大成者，他认为，智慧实际上是人们的公共生活和行使个人角色的一个目标、观点或方法，智慧的行使已成为人类面临的最大挑战。自启蒙运动以来，西方人士特别是受过教育的人对智慧一直很少有兴趣。然而，对于智慧的需求并没有消失，而且今天比以往任何时候都更需要。实证研究可能是研究智慧的必然要求。他在基于进化的解释学、理论心理模式的基础上，综合了克雷默有机构成模式、埃里克逊的外成性模式、柏林智能范例、斯顿伯格的平衡理论，并结合对生活和世界的个性态度、不同性别对智慧理解的差异等，对智慧特别是个人智慧进行了实证研究。他认为智慧是个性的综合，不只是单一的发展，是唯一的独特的品质。个人智慧主要包括良好的判断、反思、洞察力、处理复杂问题的能力、善良的品格、开放的精神、相对论的思想、辩证和批判性的思维、自知之明、谦虚、习惯不确定性、自控、宽广深厚的知识和经验、社交能力、有分寸、自主、诙谐、创造力、直觉、平静、聪明等，智慧是上述的综合。

二、中国人对智慧的探求

西方人对智慧的理解越来越靠近生活，并日益与个人、社会的变化及其发展趋势相贴近。而中国人对智慧的探求主要蕴含在中国传统哲学之中。智慧是生命的觉解状态，热爱生命必追求智慧。中国哲学展现了中华民族热爱生命、追求智慧的心路历程。

（一）中国传统哲学视野中的智慧

人为什么发明了火？为什么又用火来烤食物？人为什么能制造漂亮的衣服？人为什么能建造舒适实用的房屋？人为什么能发明农业，并且还要农、林、牧、渔协调发展？为什么有了家庭还要有城市和国家？这一切只能从智慧中去寻找答案。古代许多哲学家都深信，智慧是最牢固和最可靠的堡垒，既不能被攻破也不能被出卖，因为智慧的堡垒是由不可动摇的理性构筑而成的。

中国传统哲学视野中的智慧主要有孔子的智慧学说、道家的境界论、朱熹的形而上学、王阳明的知行合一、冯契的智慧说等。（赵馥洁，1995）中国智慧的创新在宏观演替上，表现为人文语境随民族精神及其生命智慧的历史变迁而不断转移。先秦是中国智慧的创生期，其标志是人道觉醒，德性独立，以至诸子百家争鸣；两汉是中国智慧的感通期，天人感应，儒教术化为人文语境；魏晋是中国智慧的玄冥期，人文语境是玄远风度，回归自然；宋明是中国智慧的亢龙期，人文语境体现为继绝学、开太平，重建伦理纲常。（方同义，2003）

中国传统哲学蕴藏着的最深邃的智慧是关于性与道的理论。儒学、道学、玄学、心理学、理学等都以本体论与智慧学说并存，如儒学中天人合一的和谐论与整体观，道家学说中的"道"与境界论等。顿悟、直觉以及德性之知都可以归属于智慧学说。佛学将彻悟、般若等视为最上智慧。

有论者认为，"道"是中国古代智慧的核心范畴，是中国智慧精神的最崇高概念和最基本动力，是中国文化的价值理想和终极关怀，代表了中国古代哲学的理性本质，以"道"为起点并由此生发出来的内在精神结构构成了中国智慧学说的内在逻辑演变体系。方同义以"道—德（得）—境界—工夫（术）"对中国古代智慧的内在逻辑结构进行了勾勒，认为道论、德论和境界论构成了中国智慧学说的总体架构。这一结构性命题包含了中国智慧所关注的存在论、本体论、价值论、境界论、工夫论和事功论等诸方面的内容。方同义（2003）认为，道所意蕴的天人之际和真、善、美之间的内涵，实际上揭示了人与世界、天道与人道、自然与人文、理想与现实、存在与价值的冲突；德所意蕴的天道与性命，阐释了内圣与外王、高明与中庸、德性与知识之间的冲突；境界所意蕴的本体与工夫、道与术，回应了出世间与世间、价值理性与工具理性之间的冲突。作为道论智慧学，中国传统哲学根底处、本质上是"人"学。（邹吉忠，2008）

西方的智慧概念主要来源于古希腊哲学家，自古就有既注重个人幸福又注重知识运用的传统，从而具有明显的道德智慧与自然智慧取向。相较于西方文化，"中国先哲早在先秦时期就开始从人类生活态度或方式角度来探讨智慧，在他们眼中，智慧是个体关于宇宙（天道）、人生（人道）及二者之间关系的根本原理的大彻大悟式认识"（冯契，1996）[413]。东方文化更重视道德智慧，不太重视物质世界，强调控制个人欲望和放弃物质享受，关注知识与道德的整合，主张通过道德修炼通达天人合一的境界。

中国传统智慧以其通内外、和阴阳、合天人的"和合"思维而具有积极的一面。但儒家主流文化过分强调价值（道德）智慧而贬低认知智慧，使得中国传统智慧具有缺失的一面。如重事实与价值、天道与人道相混合的实践形式，轻语言、概念、判断、推理等理论思维形式；强调境界之智、德性之知，轻对象之知、见闻之知；重视目的，轻自然因果、自然法则、自然规律；始终强调以统合贯通、整体圆融的视角看待宇宙、人生，轻视分门别类。（赵馥洁，1995）智慧结构是一个多层次、多方面的丰富统一体。求真、求善、求美是人类共同的认知追求和价值追求，但过分强调价值智慧难免使人误入异化之途。

（二）现代视野中的玄化与实用化

所有学人都对智慧表示出一种挚爱，但我国现代学人或将智慧等同于"神学"，因而陷入一种宏大的泥潭而无法自拔；或出于对技术知识的崇拜，将智慧看作是可以传授的技术部分，从而走向完全客观化技术的边缘。

一是将智慧同宇宙本体、人生真谛的体悟甚或神明、宗教等联结起来，使智慧玄学化。有学者认为，人是有智慧的存在，人为万物之灵中的"灵"，即智慧（周光迅 等，2006）；也有学者认为，智慧是人类的"斯芬克斯之谜"，它饱含着神奇和诡秘、复杂和多元、或然和灵活，既可以雅化于哲学，诗化于文学，又可以俗化于科学和民间生活（靖国平，2003）[1]。还有学者认为，中国传统哲学在根底处更接近于纯粹的智慧，可以通神。这实质上是一种宗教、神学的智慧，是抽象而又绝对的。我们所指的智慧则是立足于现实的、可希望的，因而也是可追求的和可发展的。

二是实用化。将知识、聪明、才智、辨析判断与发明创造的能力等同于生活、常识、经验，认为智慧主要是指人们运用知识、经验、能力、技巧等解决实际问题和困难的本领，甚至将不入流的末技怪招（阴谋、权术、厚黑学等）术化为智慧。这实质上是一种"科学化"的智慧，是具体而又实用的，而我们所追求的智慧则是现实人性的表达，具有现实性，但又是理想的、非实用的。

　　"智慧"一词在《辞海》中的解释是："对事物认识、辨析、判断处理和发明创造的能力。"在《现代汉语词典》中，"智慧"指的是"辨析判断、发明创造的能力"。二者意义一致。在现实生活中，人们通常把"智慧"理解为"聪明"。"聪明"意指"智力发达，记忆和理解能力强"。而"智力"在《现代汉语词典》中意指"人认识、理解客观事物并运用知识、经验等解决问题的能力，包括记忆、观察、想象、思考、判断等"，《辞海》的解释则是"学习、记忆、思维、认识客观事物和解决实际问题的能力"，二者同样基本一致。由此导致在日常生活中，"智慧"等于"聪明"，"聪明"等于"智力"，而"智力"实际上就是获得知识、解决问题的能力。智慧的大部分内涵被抛弃了。

　　智慧是一个由多种要素构成的复杂系统，不仅仅是由智力构成，知识、方法、技巧、意志、情感、个性意识倾向、气质等都与智慧有关。智力是智慧的核心，但非智力因素不但与智慧有关，并且越来越显示出其巨大的作用。如果一个人的兴趣、意志、情感、个性意识倾向、气质与美感等要素缺失或缺乏，他的智慧将是苍白无力的，更谈不上主宰智慧的灵魂。

　　中华民族的和合智慧与魅力在我国当今的大学教育中已难见踪影。现今的大学教育早已抛弃了自己的传统哲学智慧，在办学体制上重公轻私，在教育内容上重理工轻人文，在教育目的和教学方法上重工具理性轻价值理性，在办学特色上贪大求全，轻尖精与独创，大学成为"养鸡场"，致使矛盾和问题不断激化，并有愈演愈烈之势。今日中国的大学教育迷恋二元对立并怡然自乐，已没有多少智慧可言。

第四节　智慧的特性

　　虽然理解和追求智慧是一项长期而伟大的传统，我们仍需要根据过去的见解并结合现代思维，以新的智慧理论来解决当代问题和迎接未来挑战。这就需要一是吸收建立在现实问题和人类知识基础之上的新见解和最近的科学理论，二是强调智慧的整体特征。

关于智慧的简短归纳对我们会有所帮助。例如，我们可以说，智慧包括深刻认识人类或宇宙情况，从整体视角看待问题，洞察事物的本来面目，头脑清晰、大局观强、心态平和、行动有效、富有同情心，知道什么时候行动、什么时候适可而止，能够预见潜在的问题并成功避免，行事审慎而有效，等等。

智慧不是单一的，它是一种高于寻常的存在与生活以及对待世界的整体呈现状态。虽然我们只是表达了智慧的一部分，但我们可以从以下几个方面探讨智慧的共性，并期望从中寻找通向大学教育智慧的方向。

一、智慧源自知识系统的集成

智慧源于知识，但又高于知识。早在青年时代，冯契就感受到有一个哲学问题非要解决不可，这个问题就是知识和智慧的关系问题。冯契认为，人的认识是一个基于实践的从不知到知，从知识到智慧的辩证运动过程。这个过程又表现为认识世界和认识自己，以及在认识世界和认识自己的交互作用中达到智慧境界。可见，深入学习是通向智慧的基石。

深入学习是指进行广泛的知识积累。这种知识包括对人的生命、生存与现实性的一般和具体的知识。人们常用"异常深入的了解"或"深厚的学识"等来表示深入学习。

深入学习通常是与浅学习相对而言的，也可称之为深学习。深学习是全面而不是简单的与表面事实相分离的学习与理解，随着学习的深入，涉及的内容会越来越多，从而达到一种合成的研究状态。浅学习只是死记硬背，不会渗透到学习者的核心思想，不会对学习者产生思想上的变化。而深学习则相反，它涉及概念的重组，能够深入到事物的主题思想，可以影响学习者的基本价值观甚至信仰。深学习具有迁移的效果，浅学习则很难促进迁移。深学习可以深入到未来，影响到判断力和问题的解决。

事实上，深学习意味着一个人可以通过学习产生新的想法、新的观念，并能运用新的知识，知识于是成为积极的、可用的、活的知识。浅学习犹如浮在心灵的表面，其后果则是在思维和解决问题的过程中没有也无法纳入新的知识。因此，深学习创造了可用的实用知识，而浅学习无非是具体知识的累积而已。

深学习还连接着自我意识、反思甚至元认知。当一个人开展深学习的时候，就会不断地对自己的思想和信仰进行反省并纠正，而浅学习则很少能导致自我反省。深学习通常与内在的学习动机和相关的积极的情感有关，而浅学习则与外在动机和相关的情绪有关，常常具有消极的影响，如焦虑、恐惧和压力等。深学习是一种积极的和令人振奋的进程，而浅学习则较为被动，往往只是一种单调乏味的感觉。具有这些深学习的素质的人，才会拥有真正的知识，才会拥有高深的思想。

另一个与智慧相连的深学习的重要素质是好奇心和质疑，即所谓的"发现问题的艺术"。麦克唐纳（1993）认为，"知识寻求"是智慧的五个显著特征之一。心理学家赛里格曼（Martin Seligman，2002）认为好奇心和热爱学习的态度是智慧的重要特征。知识可以说是事实、解答和结论的汇集，这会导致一个静态和封闭的知识系统。当然，我们在学习过程中甚至整个人生中需要学习答案和事实，但我们也可以从中发现新的问题以及新的方法来提出问题和回答问题，因为我们的能力或智能具有驱动作用。深学习者具有热爱学习、寻求知识的好奇心。在学习过程中，深学习者会经常思索碰到的问题和困惑，这有助于我们了解终身学习的动力。当我们用心来学习时，质疑就会随之产生，并能提出问题。这种质疑的能力和倾向就是学习生活的动力。终身学习不会仅仅只有现成的答案而没有任何难题或困惑。活跃的知识不是一套答案，而是一个动态系统，通过质疑这个动态系统能够自我刺激，从而促进知识的持续增长。这种积极的好奇心也是智慧的特性之一。

由于生活的不确定性，人类是天生容易犯错的，有智慧的人会认识到知识的局限性。心理学家米查姆（John Meacham，1990）曾提出，智慧也包括质疑与知识之间的平衡问题。在米查姆看来，在人类真正成长的过程中，我们知道得越多，就越意识到我们的无知。随着知识的增长，它会带来更多的答案，但也伴随着更多的问题和疑虑。因此，米查姆认为，智慧是在两个极端之间的平衡，即在拥有所有答案的过度自信和对任何事物都产生怀疑的过度谨慎之间的平衡。

智慧之人承认事物的不确定性，充满好奇，认识自己的局限性，随时质疑，在追求新知识的过程中充满活力。因而，智慧主要是一种对知识的态度——谦逊、开放、合理建议，以及认错的能力。开放的胸襟和意识是智慧的一个核心特质。在一个迅速变化和创新的世界，事物越来越复杂，它需要多样性的观点、信念，需要谨慎和开放的态度。

智慧的另一个关键的知识基础层面，就是要有高度发达的实用知识，即有能力做出明智的选择、正确的决定，而这需要深学习。如前所述，深学习是智慧的基础。有用的知识能产生迁移作用，能在新的情况下解决新问题。巴尔泰什（1990）认为，"智慧是处理生活中重要的不确定性事物的专门知识系统，能运用知识解决实际问题"。

在实用维度上，智慧涉及知识的集成，是抽象的理论与实际而具体的知识的集成，是过去的经验或教训被应用到现在和未来。这意味着智慧具有过去和未来意识，纵观全局，但又与现实生活的特殊性相连。

二、智慧与思维和道德相生相伴

除了渊博的知识，智慧的第二个关键的认知特点是高度发达的思维能力。

布鲁克（Bluck，2004）认为，智慧"是生活判断的适应形式，不是指思考的内容而是如何思考，是在困难的情况下，经验知识、认知、情感与行动相结合的综合反映，有利于美好生活或共同奋斗目标的实现"。沉思和判断是识别智慧的两个最常见的特征，其中批判性思维是智慧必不可少的特质。美国有一个哲学协会和批判性思维协会，专门研究和开发正确思维的标准和实践，其中保罗（Richard Paul，1999）等人提出了正确思维的如下标准：清晰、准确度、精密度、相关性、深度、广度、公平、意义和逻辑。关于思维的研究为批判性思维提供了系统描述，如分析、综合、评价和逻辑推理，涉及的主要方法包括演绎和归纳。批判性思维与思维的本质和标准有关。

批判性思维和深厚的知识积累密切相关，二者的结合促进了智慧的形成。深厚的知识积累与学习的热情有关，也与热爱思考有关。知识与思维是相互交织在一起的，思维与知识的获取关系密切。善于思考的思想者喜欢思考学习的意义。良好的批判性思维与深学习一样，也有积极的情感动机。认知和思维是相互联系的。

除了批判性思维的知识维度，还有一种道德维度的批判性思维。美国哲学协会描述了理想中的批判性思维者的特征：开放的头脑、灵活的思路、公正地评价、诚实面对自己的褊狭、慎重做出判断、愿意重新考虑、热衷于寻找有关论据和对结果的持久追求（保罗 等，1999）。这些特征包括公正、诚实和谨慎，这属于伦理美德。批判性思维的哲学化带来的是思维的道德维度：人类美德的信念和实践。

美德与道德价值是理解智慧特质的中心主题。正如麦克唐纳（1993）所提出的，关爱他人是智慧的重要素质之一。我们还看到批判性思维与美德相连，二者相互融合，共同促进智慧的产生。智慧不仅是对知识的道德应用，也需要谦逊、公正、正直和勇气等相关伦理美德的支撑。

自我反省是批判性思维的另一个重要特质，并与智慧的理解相关。良好的批判性思维需要再三思考，这就需要对一个人的思维过程、假设和信念进行自我反省和评价。批判性思维是关于思维的思维艺术，目的是更好地思考，这与深学习过程中的元认知一致。深学习不仅涉及对有关事项的思考，而且对一个人是如何思考的也要进行思考。此外，深学习也需要对自己的基本信念和价值观进行回顾，有时甚至由于新的信息和想法而自觉改变。深学习和良好的批判性思维激发自我意识。

"批判性思维的本质是克服以自我为中心的思想。"（保罗 等，2002）自我中心者对生命的理解局限于一个狭窄和单一的视角，满足于自己的个人愿望和目标。自我中心思想是偏见的和封闭的。智慧与科学之间关键的道德区别是智慧不能为邪恶的目的服务，而科学很容易被贪婪和骄傲所用。贪婪和骄傲正是自我中心的典型表现。为了克服自我中心，我们必须意识到并对一个人的偏见和偏激的观点进行审视，这就是批判性思维。因此，批判性思维扩展和解放了人的思想，提高了自我批判意识，促进了人类对认知局限的超越。自我反思和自我超越也是智慧的关键要素。

有两种思维类型与智慧也高度相关。一是辩证思维，对对立的观点进行评价和综合。辩证思维来自于知识积累基础之上的平衡和开放性，它从多个角度看待问题。二是反思。反思是建立在知识之上的最高形式的推理、判断。人类在认知发展过程中要经历三个阶段。最初时期，知识来自家长或教师的权威，是绝对的和封闭的，知识如信仰般被接受下来。后来，随着人的长大，思维得到发展，选择权和价值观得到承认，于是人就有了相对独立的知识。第二阶段，人学会了从多个视角看问题，逐渐变得开放。最后，发展到反思阶段，由于了解和承认了事物的不确定性和观点的多样性，通过比较评价，发现最好的思想往往来自各种问题与不同的视点，于是，知识和思维变得完整、开放，得出的结论往往更为合理、周到。辩证思维和反思是智慧的一个关键素质。

智慧离不开创新思维。影响创新思维的因素有很多，但其内在要素就是知识、逻辑思维能力和非逻辑思维能力这三个方面。获取知识、训练和培养逻辑思维能力是比较容易的，而训练和培养非逻辑思维能力则是很困难的，还有很大潜力可挖，因而也就成了培养智慧的难点和关键。（余华东，2005）

智慧不是以自我为中心的，它也需要自己和他人之间的联系，并以此支撑智慧的道德维度。他人是智者思考、关爱的对象。理解别人是智慧的重要特质。

此外，智慧还涉及自我与自然关系之间的理解。科克伦（Don Co-chrane，1995）认为，这是一种"公民和宇宙智慧"。深学习者懂得与他人和睦相处，与自然、宇宙共振。这有助于解决当今的全球性问题和生态问题，对大众文化中的过度自我中心而言更具有特别的意义。

三、智慧具有开放性和灵活性

人们普遍认为，对于科学和哲学，人类有不同的理解和思维模式。人们常说，人类存在着整体与部分、分析与综合等不同类型的思维方式。这一点也可以从左右侧大脑功能之间的差别以及女性与男性之间思维方式的差异中得到证明。

心理学家尼斯贝特（Richard Nisbett，2003）等人在过去的几十年中，收集了跨越几个洲的大量实验数据，对东方和西方之间的文化和思维模式进行了基本的对比。尼斯贝特研究发现，东方人倾向于整体地看待现实，喜欢辩证逻辑，在事物之间讲究平衡，采用中庸的方法达到对事物的一致看法。西方人看待现实更倾向于线性逻辑，分析事物讲究从整体到部分，容易得出不一致的结论。西方强调个性和自主性，东方强调社会整体和相互依存。

尼斯贝特认为，每一个认知模式既有优点，也有缺点，而人的思维特征最有利于利用这两种模式来解决问题以及对知识的追求。人的心灵具有更广泛和更丰富的功能，如果两种基本的思维模式能够取得更大的平衡并加以正确运用，两种模式都将发挥更好的作用。智慧既包括整体的直觉，又包括线性的分析推理，是二者的综合反映。

两种认知模式的整合有助于解决当代人们所面临的挑战。首先，它支持正在进行的全球化过程，因为它反映了东方和西方的思维方式和社会价值观。第二，这两种模式最大限度地综合了性别之间的认知偏好，有助于男性和女性之间的不同思维模式更加均衡。

似乎已经清楚，智慧应该包括文化的多样性和全球意识、认知平衡和思维方式的灵活性。如果智慧需要整体地把握世界或事物的话，那么，了解东西方思维方式是至关重要的。智慧的当代理论需要进一步扩大综合知识，分清直觉与理性、整体与部分、感性与抽象、个体与团队、和谐与进步，并将它们聚集成一个连贯的整体。

现代社会的一个常见问题是个人过于狭隘的以自我为中心的"自我主义"和过于局限于眼前此时此地的"功利主义"。这与我们当今时代的大局意识或全球意识是背道而驰的。生态和全球性问题是摆在我们面前的非常重要和紧迫的问题，我们需要扩大和丰富我们对周围世界的认识。

此外，快速变化的社会要求我们具有更加清晰的过去与未来意识，以便更好地了解变化的趋势和方式。因此，我们还需要扩大我们的时间意识。另外，多元化的世界要求我们更加认识到个人的局限。渊博的知识有助于提高自我意识，往往还能促进我们了解他人以及纠正我们看事情的偏见。自我意识是一种与他人互惠的认识。智慧最具特色的能力是用发展的眼光全面地和生态地看待现实和长远，提高自我意识和对其他观点的认识。远见通常被列为智慧的主要特点。当代的挑战需要我们有一个多维的意识扩张，即未来意识和开放性。

智慧是一个积极参与现实的"开放系统"。聪明的人对新的事实、新的观点和新的信息保持开放的姿态。因此，我们现在需要更充分地认识到知识是进化的和变革的。在新的科学里，现实和知识是动态的，不断增长的。现代科学已经认识到，科学的发展和演变往往涉及知识的重组和对部分的重新定义。实质上，整体不只是部分的简单相加。知识的增长也往往要通过概念重组，包括经常重新界定旧的"事实"与"理论"。自然和知识的发展往往要经过消亡、出现和重新组织三个阶段。有智慧的人追求提高自我意识、自我反省和未来意识。增强意识的灵活性是智慧的一大特色。

教育家帕尔默（Parker Palmer，1998）等人认为，"知识是一个通向真理的动态的过程"。同样，智慧既不是静态的，也不是孤立的，智慧是动态的和发展的。

四、智慧具有综合性

从词源上分析，希腊文的智慧一词 Sophia 和拉丁文的智慧一词 Sapientia 既与洞见、知识有关，也都指向经验、技能和品位。13 世纪意大利神学家圣波拿文彻（Saint Bonaventure）根据品位（sapor）和知识（sapere）推断智慧，他认为，智慧既具有情感，有与感觉、味觉相关的一面，又具有理智的、认知的和科学的一面。潘尼卡（Raimon Panikkar，2000）认为，智慧既是行动、实践，又是知识、理论。

可见，智慧不是与生俱来的，智慧是经验和学习的结晶。智慧也需要从生活的失败中吸取教训，从错误中学习，并听取别人的建议。正如赛里格曼所说的，在一般意义上，美德是努力、经验和成就的结晶。同样，追求智慧的增长必须积极行动并持续努力。

至少在亚里士多德时代，智慧的追求一直与人类的幸福和心理健康相关联。智慧本质上是对付出的回报。

如上所述，智慧涉及认知和情感的相互依存与增长，智慧是人的思想和情感的集成。智慧涉及不同思维模式、不同观点的整合，以及知识与行动、知识与质疑之间的平衡。智慧也可以说是一种心理平衡，如知识和不确定性、冲动和沉思之间的平衡，以及情感与情绪的平衡。斯顿伯格的智慧平衡理论涉及个人内部、人际关系、目标与后果、适应与改变之间的平衡，这些都与思维的开放与反思特征有关。从总的方面而言，需要将它们纳入整体进行多重考虑。

马斯洛（Abraham Maslow，1968）说："智慧是最高层次的自我发展，包括特殊的自我意识和心理的融合，以及自我超越。"麦克唐纳（1993）认为，智慧之人具有自我实现的个性，敬畏经验，充满好奇，尊重他人的个性，不盲从世俗文化，他们诚实、公正，是真、善、美的完美结合。智慧还与其他价值观和美德相连，如巴尔特斯（Baltes，2000）等人认为智慧是人类最重要的积极人格特质之一，是实现美好生活的重要资源，它为人们怎样获得有意义和幸福的生活等问题提供洞察与指导。

综上所述，智慧的主要特征涵盖了认知、动机、情感、道德、个性和人格，它们并不完全不同，但相互支持和互动。

认知功能包括深入学习，具有充满活力、不断发展的、开放的、平衡的知识体系，以及具备迎接问题和挑战的现代科学理论和现代知识，能运用实际知识解决生活中的具体问题；对包括宇宙或全球性事物进行综合和传播的能力；对事物具备连通性的认识，能够看到长期行动的长远效果；具有卓越的思维能力，包括批判性思维、辩证思维和反思，能用多种模式理解和多角度看待问题，并具有质疑精神。

情感—动机功能包括好奇心、探询、热爱学习和思考、关爱他人。积极的情感—动机状态是一种幸福感，与追求和运用智慧相关。

智慧的伦理问题是指知识的应用以价值观和道德为指导，以促进自己、他人和社会的福祉为目的，与美德，如勇气、正直、公正、对他人的关爱与支持、谦逊和尊敬等有关。

智慧的整体人格维度包括融自我、他人、人类社会、自然和宇宙为一个整体的整体性意识，是一种特殊的自我意识和自省能力，是对自我中心意识的超越，是一种需要不断努力的自我意志、自我成就和自我实现。

总之，智慧既是西方人的价值和生活追求，也是东方人的人生理想，蕴含着丰富而深刻的内容。智慧综合了人类思维的主要能力，是未来意识的最高表现，是人类的一种比较高级的认识、实践和生活方式，具有高度的灵活性和创造性，是一种融真、善、美为一体的综合艺术，是一种自我觉悟的自由之境，充满着生命的活力。

第五节 何为大学教育智慧

在某种程度上，我们作为社会的一分子有选择一个什么样的社会的权利。智慧可以使我们寻求一个更美好的世界，包括世界本身和生活在其中的所有人的状况。如何才能尽量扩大我们的选择能力呢？只有通过我们的教育。那究竟如何利用我们的教育来扩大我们的选择能力呢？仅仅通过传授知识或传递信息远远不够。

关于智慧的特征及其综合性为满足我们迎接当代问题的挑战以及为

人类未来的发展提供了一种愿景与远景，同时，也为大学教育提供了一种理想的思想与路径。这正是大学教育的未来。

一、大学教育智慧的含义

西方学者热衷并推崇智慧，现代西方学者甚至将对智慧的追寻看作人类的"第二次思想启蒙"。对于大学教育智慧，我们也需要做一点常识的回归。

我们常常把智慧的发展看成是个人的事。随着年龄的增长，我们的心理和精神逐渐得到了发展。当在生活中遇到障碍时，我们就会试着去超越它们，于是，我们逐渐解决和内化了生活中的各种问题与价值观。渐渐地，我们认识了人类和宇宙的复杂性，并学着去了解这种联结具有怎样的意义。

作为宇宙的一部分，我们与他人的联系也是宇宙间整体联结的重要组成部分，人们之间相互影响。这种影响有时是积极的，有时也会往不利的方向发展。在有利的条件下，集体的智慧是否比任何个人的智慧更强大？

个人可以在集体活动中培养自己的能力，人们也可以在群体活动中有意识地产生集体智慧。通过群体共同而自觉产生的集体智慧，我们有可能化解看起来似乎无法愈合的矛盾和冲突。

一群聪明人，并不一定知道如何明智地共同行动，因为他们缺乏集体智慧。因此，集体智慧是必要的（但不是唯一的）。集体智慧是指一个集体在整体水平上获取和体现智慧。

集体智慧这个词并不新鲜，它已被作为核心要素在新兴产业界得到广泛应用，并且获得了巨大成功。"集体智慧是通过网络将大量松散的个人、现代企业和组织集合在一起，通过集体成员间的互动或集体行为所产生的高于个体所拥有的能够迅速、灵活、正确理解事物和解决问题的能力"（刘海鑫 等，2013）。超越个体智慧的集体智慧，为企业创新和管理带来了一种全新的理念。

　　但大学教育的集体智慧与企业的集体智慧明显不同。大学群体成员具有高深的专业知识，信息来源丰富，观点多样，个性相对独立，智慧叠加效应更为明显，个体交流互动行为更容易产生新的智慧。

　　大学教育智慧不仅是"大学人"高智力的汇集，它与通常所说的高深学问也是不同的，它标志着一个至高无上、永恒无限的理想境界。大学教育是要有理想的，而大学教育热爱智慧、追求智慧只为智慧本身。

　　大学教育智慧是"大学人"通过历史积淀及其成长过程中所生成的包括教育认知、思辨、意志及教育伦理德性在内的整体活动所体现出来的最佳心理结构、精神力量与行动能力。拥有智慧的大学教育自然会拥有正义、平等和自由的伦理、敏锐的感受力、准确的判断力，有不同寻常的想象力和创造力，有自我更新、自我发展的高级素养和能力，师生自觉承担学术自由和追求卓越所负的使命，积极投身学校生活与社会实践，在建设性工作和创造的欣喜中感受精神的满足和愉悦，并以正确的方式、正当的行为做出对个人和社会发展有益的贡献。只有拥有智慧的大学教育才能将大学的理想与使命、大学的自身原则以及大学的职能等相互交融，并形成合力。大学教育智慧是个人智慧与集体智慧的共舞，是智性智慧与德性智慧的大合唱。

二、大学教育智慧不等同于哲学智慧

　　哲学就是一种方式，一种纯理性的生活方式，哲学的状态能引导我们从物的、功利化的此在方式中超越出来。大学到了一定的时候，特别是在高等教育大众化、普及化的时代，就会更加意识到哲学的重要性，因为它更多地关注生命的本源、生命的意义，在这个意义上，哲学是大学提高生命境界的一种方式。

　　哲学中的元存在问题又称为本体论、本原论等，对它的认识主要有一元论和二元论。一元论哲学包括唯心主义哲学和唯物主义哲学。关于二元论哲学，西方的代表人物有柏拉图、笛卡尔、莱布尼茨、斯宾诺莎（Benedictus Spinoza）、康德等。柏拉图的二元论哲学将世界分为感性世界

和睿智世界；笛卡尔的二元论是指精神和物质是两种独立的存在；莱布尼茨的二元论则是现实的和可能的两种存在；康德的二元论可以归结为可知的现象和不可知的物体两种存在。

二元论哲学的完美结合可以导致智慧。西方学者据此认为，智慧是一种元知识，可以帮助我们更好地把握其余的知识并使之更有意义。我国传统哲学和当今大部分学者认为，"哲"即智慧，他们将智慧局限于哲学范畴之内并加以研究与运用。

哲学热爱智慧，研究智慧，通向智慧。哲学是智慧，但智慧并不仅仅是哲学。仅仅把哲学视为智慧的代名词，或将智慧看作哲学的一部分，是不恰当的。

张楚廷先生（2006）认为："没有哲学也可能会有聪明，但不会有智慧；科学本身可能就有智慧，但没有哲学就不会有大智慧。"信息、科学、知识、哲学是相互交织的，但从总体而言，它们是依次递进的，并最终通向智慧。一种哲学之所以有价值，是因为它建立在一个宽大坚实的知识基础之上；智慧之所以具有最终的价值，是因为它融合了科学和哲学的价值而又不单关乎科学与哲学。从这个意义上说，哲学与智慧最接近。

科学、文学、艺术、宗教、哲学都通向智慧，然而哲学则是通向智慧根基的形而上的追问与应答。哲学不仅仅是一种智慧根基，而且是对待全部智慧的一种态度。所谓"哲学是智慧之学"，指的就是这种态度，即对智慧本身的真挚、强烈的忘我之爱。

人类所创造的神话、科学、知识、伦理、艺术和哲学，以及由此构成的神话世界、科学世界、知识世界、伦理世界、艺术世界和哲学世界，就是这种忘我之爱的"爱智"之果，也可以说是人类智慧的发展史。

亚里士多德之所以将哲学看作是唯一自由的学问，就是因为它从不服务于任何外在的目的，而是为了自身而存在的。哲学是让人知道自己缺乏智慧因而去追求和热爱智慧的学问。"爱智"当然也是智慧的体现，但却不是本质意义上的智慧。人在学会了探索并在学会了哲学的推理之后才能获得智慧，智慧主要是由哲学提供的，但学好哲学不一定就有智慧。

在哲学家们追求智慧的过程中，他们尝试了各种各样的方法，走过了艰难曲折的道路，尽管没有一条道路通达彼岸，然而这些方法和道路作为人类精神文明的最高成就，不仅使人们开阔了视野，而且深化了人们思想的维度，提高了人生的境界。人们追求智慧必须接受教育，只有在教育中或通过教育才能增长探索智慧的知识与能力，教育与哲学于是紧密联系起来了。

我国有学者认为，"智"是"聪明"的意思，"慧"也是"聪明"的意思，因而"智"与"慧"加在一起，应该是"大聪明、大智慧"的意思，不包括一般所谓"生活哲理"之类的"小智慧、小聪明"；真正的教育就是教人追求"大智慧"，即超越了"某种人"的关于"人"的智慧，是理解和协调人与自然、人与社会、人与历史、人与文化、人与他人及人与自我的智慧，是使人崇高起来和实现人的全面自由发展的智慧，是反思的智慧、批判的智慧、变革的智慧。同时，把柏拉图、亚里士多德等人的高等教育价值观当作智慧。（周光迅 等，2006）这里所说的"大智慧"其实就是通常说的哲学智慧，相当于亚里士多德所说的形而上智慧。但教育智慧也不等同于哲学智慧。

相比人类文明的变革与强烈希冀，高等教育观念的变革为什么会迟滞？高等教育的理念为什么会出现危机？大学精英文化为什么不能抵抗大众文化的张扬？大学的批判精神为什么萎靡？大学教育为什么在"科技至上"的现实中沉浮？如果我们只是对大学教育的危机现象进行哲学式的概括，只关心形而上的哲学智慧，而忽视形而下的"实践智慧"，那我们的行为注定是不完整的。

教育的本质是热爱智慧的，它感受、体悟、惊异、怀疑、博览、沉思、激情、执着而又充满想象。人类早期的教育本身就孕育着一种引导人的智慧成长、促进人的自由发展的原生性特质。然而，自近代以来，人类教育发展的立足点和重心逐渐转向了外部物质世界，并且越来越演化成为单向、片面的"为了知识的教育"，由此导致教育的智慧性格的衰微。爱与智慧的危机已成为当代教育的症结。(靖国平，2003)[3]

"复兴智慧"是我们这个时代最重要的行动之一，其中最重要的任务是携手"哲学智慧"回归到教育生活中的智慧。对此，大学教育责无旁贷。

三、大学教育智慧并不仅仅是教师的教学智慧

叶澜（1998）认为，教育智慧是教师感受的敏感性、教学机智、与学生沟通等能力的综合。关于教育智慧的表现，不同学者观点不同。有人认为，教育智慧应当是教师感知、辨别、判断各种教学情境并做出正确、合理决策的能力，也是发挥学生与自身主体性的能力；有人认为，教育智慧在过程上表现为教师在教育活动中具有解决教育问题、处理偶发事故、创造生命价值的卓越能力，它是出乎意料、动态生成的，是一种教育机智；还有人认为教育智慧在教育教学实践中主要表现为教师对于教育教学工作的规律性把握、创造性驾驭和深刻洞悉、敏锐反应以及灵活机智应对的综合能力。也有人认为，教育智慧是科学化的艺术力量，又是艺术化的科学力量。教育智慧的力量具体表现为这样几种能力：一是对教育问题的逻辑化理解能力；二是对教育问题的直觉把握能力；三是创造性地解决教育问题的能力。（卢红 等，2001）凡此种种，主要把教育智慧定位于教师的教学能力维度。

关于教育智慧的获取，有人认为，"教育智慧是复杂的、内隐的，来源于教师的教育活动。同时，教育活动只是获得教育智慧的条件之一，教师还必须具有一系列的素质和能力才能获得教育智慧"（仲丽娟，2008）。也有人认为，教育智慧来源于教师对美好生活及存在意义的矢志不渝的追求，是永无止境的。还有另外一些观点，诸如，教育智慧来自教育技巧，教育智慧来自教育机智，教育智慧来自教育灵感，教育智慧来自教育艺术，教育智慧来自教师对学生广博而深刻的艺术之爱，等等。

我国现阶段关于教育智慧的研究大都是围绕教师教学活动展开的，

关涉的对象主要是教师和教学方法，还停留在经验和知识之中，重点探讨的是教师智慧的输出，仅限于教师教育智慧，实际上是用教学智慧代替教育智慧。

大学需要"教育家"式的校长，更需要有教育智慧的教师，但大学教育有自己的特性，大学教育的智慧不能简单地套用教育智慧来理解，大学教学智慧也不能代替大学教育智慧。教师的教学活动只是大学教育整体活动的一部分，因而，教师的教学智慧与大学教育智慧的关系也只能是部分与整体的关系。大学教育不单单包括教学，还有科学研究，"大学人"之间的互动，"大学人"与全球社会的互动，更有对人类和社会未来的引领。

四、大学教育智慧是思与行相结合的综合实践智慧

"欧洲古典大学追求亚里士多德所谓的形而上的哲学智慧，重视启迪人生，关注真理的本身，以认识论为基础，奉行理性主义价值观，将大学自身的内部力量无限扩大，但容易陷于象牙塔中而远离社会和生活。"（庞晋伟，2006）[27]当今之世，纯粹的哲学智慧似乎已不能满足人们对自身、公共利益和美好生活的追求，于是，实践智慧呼之而出。这里的"实践智慧"不只限于亚里士多德"实践智慧"中所指的伦理德性。

我国许多学者对亚里士多德的"实践智慧"的特征进行了概括和发展，总结起来有如下特征：（1）实践智慧所指的对象是可改变的事物；（2）实践智慧的本质是一种不同于生产或制作的践行；（3）实践智慧的践行本身就是目的；（4）实践智慧所关心的乃是在人的具体生活中去追求对于人类整个生活有益的最大的善；（5）实践智慧不只是对普遍事物的知识，更重要的是对特殊事物的知识，经验在其中起了重要作用。（洪汉鼎，1997）

有学者结合我国儒、道两家的思想认为，人性是天道的显现和落实，人性的完满在于天道的回归，而实践则是人返回天道的路径。天道才是

实践所应达到的高度，并据此认为中国传统思想中的天道观和人性论使实践的智慧具有了较之西方实践哲学更为深远的内涵。其实，这种人性论的实践智慧并未脱离亚里士多德式的"实践智慧"范畴。

适应新的形势，我们必须对实践哲学的历史与发展进行系统研究，并对亚里士多德的"实践智慧"进行扩展。只有正确把握"实践"及"实践智慧"是什么与为什么的问题，我们才能实现对大学教育智慧的理解和把握。

在西方哲学史中，理论的思维与实践的思维是其中的两大传统。在古希腊时代，关于数学和物理学等自然科学的思维属于理论性的思维范畴，而关于人的伦理道德规范和政治生活准则等人文方面的思维属于实践思维。实践的意义并非来自理论，而是来自现实的人类生活，因而，实践也并非与理论相对。实践与理论相对的原因来自近代哲学的发展，实践的意义相较于原来的意义也有了很大改变，其哲学内涵不再局限于原来的伦理学和政治学领域，而是在人的本质与文化层面上，在更广泛的意义上发展延伸开来，人们通常把实践看作一种与理智不同的能力的活动。

奥卡姆（William Ockham）是西方传统"实践"哲学的反叛者。奥卡姆认为实践概念可以在多种意义上理解，在广义上指一种任意力量的活动，在狭义上是指遵从知识的追求能力的行动，在更狭义上是指人力量的活动，首先指意志活动，在最狭义上，"实践"是指意志支配的活动与协商选择的对象。在奥卡姆看来，一个确定手段的选择和意愿才是真正意义上的实践，"协商选择"的对象可以是外在的活动，也可以是意志和知性内在的活动。因此，实践除了指我们通常所说的行动之外，也可以是知识，也可以是纯粹思辨。（潘麟，2006）奥卡姆扩展了我们对实践的认识。其实，实践的"行动"之义，本身就是人的意识选择的具体表现。

马克思实践哲学的产生就是对原有理论思维传统的否定，其实质是在理论思维更高层次上的发展。马克思在《关于费尔巴哈的提纲》第 2

条中指出："人的思维是否具有客观的真理性，这不是一个理论的问题，而是一个实践的问题。"实践出理论，理论要在实践中去总结。这里所指的"实践"是关于生活的、具体的真理的认识论，其实就包含着思辨和选择等思维活动。

然而，我们这个时代乃至更早时期，由于科学技术对生活和学术的全面统治，人们将实践狭义化为对科学技术的应用或纯粹有目地改造社会与自然的物质活动，而将理论视为实践的上位（实践从属于理性），对求知、思维活动与实践活动分别进行考察，从而造成现代性的困境。

针对这种现代性的困境，当代美国著名科学哲学家法伊尔阿本德（Paul Feyeraben，2005）将"理性指导实践"的观点归结为唯心主义，而将"理性由实践获得内容和权威"的论点归结为自然主义。法伊尔阿本德认为这二者都存在问题，他认为："理性和实践不是两种不同的东西，而是同一个辩证过程的组成部分。""理性没有实践的指导会使我们走入歧途，而实践由于增加了理性而得到了极大改进。"（法伊尔阿本德，2005）因此，所谓的理性和实践是两种不同类型的实践，前者清楚地揭示了某些简单的、容易产生的形式方面，而后者则把这些形式方面淹没在众多的偶然性质之中。

总之，以思辨为主的理性（代表必然性）活动与改造物质世界的感性（代表偶然性）活动都可称为实践活动。以从事高深知识保存、生产与传播为主要任务的知识分子及其大学都可称为实践者。大学教育活动就是"大学人"思和行的综合实践。现今，实践智慧的一种后现代复苏方兴未艾，它的价值正被予以重新评价。我们需要把实践智慧进行发展，来鉴别并深入到那些处于当前复杂形势和局面、充满机遇和挑战的各种问题内部。这些问题由于其复杂性，以及与各种既有的政治、经济利益紧密联系而难以在当前解决。因此，我们的目标就是要实现一种强烈的实践智慧，即既有正确价值观又有明确使命感的实践智慧。

"社会生活在本质上是实践的。凡是把理论导向神秘主义方面去的神秘东西，都能在人的实践中以及在对这个实践的理解中得到合理的解决。"（马克思，恩格斯，1995）[55]实践是人的本体存在和文化存在。大学教育智慧就是大学教育活动中思与行相结合的综合实践智慧，将大学教育智慧局限于哲学智慧、教学智慧或形而上智慧、伦理智慧，其实质是将大学教育智慧狭义化，它会导致大学教育离智慧越来越远。

第四章　智慧的特性与大学教育的智慧

第五章 大学教育智慧之促成：反思与路径

　　形式化、公式化、计量化、功利化的社会现实与社会总体性的发展需要不断向大学提出新的问题。面对新问题，大学必须有自己的哲学和智慧，才能立于不败之地。大学教育还应该帮助被教育者成为具有哲学头脑和智慧的人，要做到这一点，大学自身首先应该走向哲学，走向智慧，成为社会的智者，更多地关注生命的本源、生命的意义，引导我们从物的、功利化的此在方式中超越出来，也许这才是大学生命灵性的最好表达。

　　智慧可分为两大类：个人的智慧，社会机构的智慧。作为引领个人和社会智慧的社会机构，大学要传播和培育学生的智慧，自己首先要有智慧。因此，大学教育有两大主要任务，一是拥有自身的智慧，二是促进学生智慧的发展。如何才算智慧，如何才能拥有自身的智慧并促进学生智慧的发展，前述智慧的特性已为我们提供了实践的指向。

　　智慧不只是我们所希望的，更重要的是我们如何将它落实到行动上。我们的目的不仅是教育学生利用自己出色的个人能力，最大限度地获取他们所需要的，更重要的是教育他们如何使用其知识和个人能力，最大限度地帮助自己和别人发挥各自的潜力和能力。

　　在第四章，我们已经对智慧有了详细的阐释。大学教育如何才能促进智慧的萌发和生成？这是本章需要着力解决的问题。

本章包含的几个关键词有大学危机、学术革命、学问共同体、无缝校园等；涉及的关联词主要有信息社会、知识社会、智慧社会、多维方式、智慧开发等；关涉的问题主要有知识社会如何演进？现代大学危机的实质是什么？大学教育如何才能拥有自身智慧？大学教育如何促进学生智慧的发展？

第一节　人类社会的演进与高等教育的作用

如第三章所述，在最近三个世纪，社会已从农业社会、工业社会、信息社会，发展到现今的知识社会。在此过程中，教育也已发生了巨大的变化。

在农业社会，80%~90%的人生活和工作在郊区或小村庄。他们的知识主要来自亲属教育，学习内容基本上是如何进行栽培与育种。在当时，很少有人去学校，而且只有极少数人达到了较高的教育水平。

到 17、18 世纪，科学和技术的发展引发了工业革命，从事农业生产的人越来越少，越来越多的人离开农村到大城市从事制造行业。工业化的工作要求工人能阅读和书写。因此，在工业化国家，小学教育成为强制性的义务教育。

社会组织的改变和新职业的不断产生，催生了人们对高等教育机构（特别是大学）的需要，人们需要大学提供专业技能和训练，为新的社会教育培养领导人。大学于是成了通过研究活动提供知识的地方。不过，直到 20 世纪中期，在欧洲还是只有少数青年人参加了大学课程，并获得专业学位。

第二次世界大战后，随着科学知识的快速发展，以及深刻的技术革新，新的制造行业越来越要求工人受过教育。因此，在欧洲，强制性的义务教育期从 5 年增加至 8 年，然后又到 10~12 年。到 20 世纪 60 年代和 70 年代，大学生人数不断增加，课程也不断增加，美国大学入学率达

到 50%，欧洲为 20%~30%。（布拉西，2004）

随着信息和通信技术的发展，交通也有了很大的进展，高速列车、飞机等极大地促进了人口、货物、新闻和思想观念的流动，从而产生了我们今天所说的"全球化"，即信息社会，其实质就是信息的传播可以把每个人、每一天、每一件事与整个世界联系起来。

这些事态的发展深刻地影响了世界地缘政治，增加了社会的复杂性。在发达国家，只有少数人仍然从事农业，只有 10%~20% 的人从事工业，越来越多的人从事"第三产业"，其中就包含教学、科研、体育、信息和通信活动等。土地和自然资源已变得不那么重要了，人力资源已成为每个国家未来的重要资源。

通过电视、报纸、互联网等媒体，人们分享发生在世界每一个角落的信息。因此，那些仍然生活在低水平、不发达国家的人越来越意识到自己生活条件的缺陷，从而要求一个更美好的生活环境，期望在短时间内达到发达国家的生活水平。同时，人生活在一定的文化氛围之中，不同的文化又相互影响。因此，如何管理社会多元文化的问题也随之出现。

另一方面，由于资源的限制，今天，全世界的人们已不可能承受如美国等高度发达国家的人均资源消耗量，空气污染、饮用水的供应、废物处理等问题只能通过全球性合作来协商解决，经济参数不再是衡量一个国家发展程度的唯一因素。信息社会于是发展成为讲究信息传播与利用方式的知识社会。

在全球化背景下，我们生活的社会已越来越复杂，呈现出不断发展之势，教育和培训已显得十分重要。

在知识社会的今天，知识传播迅速而便捷，生活在一个复杂、互动和不断变化的环境中，每个人都必须被教导如何学习和如何沟通，这不仅是小学和中学的任务，更是高等教育的任务。

知识社会是一个持续不断的学习型社会：在同一时间，在每一种背景下，每个人既是学习者，又是教育者。在信息社会和知识社会中，义务教育被证明是可行的，但知识社会不是我们的终点。知识不是智慧的全部，知识不能确保满意、快乐，或超越自我利益期待的行为。智慧似乎是一个能促进这些目标更好实现的途径。为此，各大学、学院、研究中心都要发挥作用。

如果我们要避免战争、死亡、专制、贫穷、环境损害，我们就迫切需要了解如何获得更多的智慧，而这反过来又意味着我们的高等教育机构需要对此保持高度关注，并一心一意地去追求。

新的社会需要对新的问题采取新的解决办法。推及大学教育，就是我们每个人都应该意识到对教育的责任。在从知识社会演变到智慧社会的过程中，尽可能地扩大高等教育是十分必需的，但主要任务还是尽最大可能促进大学教育自身以及学生智慧的发展。

第二节　智慧的缺失：现代大学教育问题丛生

现代大学以其科学研究使命为人类社会揭开了自然界及人类自身的奥秘，让人类变得更加明智和从容；以其人才培养使命为受教育者开启了幸福的大门，为人类社会提供着永续发展的智力支持；以其服务社会使命为人类的福祉提供了物质和精神的源泉，使人类社会的发展更加和谐。历经近两百年的发展，现代大学的形象终于在人类社会中树立起来了，但智慧的缺失也导致问题不断产生，中国大学教育尤其。

一、从中国大学教育问题引出的反思

可以说，大学走到今天，呈现在我们面前的不是趋向于统一，而是更加多样、复杂、模糊。象牙塔的形象和社会加油站的形象、学术理性的形象和世俗化的形象相互依存又相互纠结。从大学的发展历程可以看出，大学形象的每一次更新相对于上一次来说都是一种契合人性发展的更高层次的深化，是一种了不起的进步。但是也应该看到，这种进步更多的是历时性的，而不是共时性的。历时性的不足就在于对稳定的、本质的东西探究不够，这就难以避免理论上的片面。大学的形象有所缺陷，

建立在它基础上的教育也就存在问题，如大学教育本身脱离实际、烦琐荒谬；对大学生教育软弱无力，过于随便；官僚化体系严厉冷酷，缺乏爱心；商品化教育追求功利，扼杀个性，等等。当前，"知识无力"甚至"知识无用"论盛行，概言之，这是巨额的教育成本投入与所得不成正比的心理落差，是一种知识商品化的表征。

鲁迅于1919年12月回故乡绍兴接母亲到北平（今北京），目睹农村的破败和农民的凄苦，十分悲愤，1921年1月便以这次回家的经历为题材，写了一篇《故乡》。文中写道："我冒着严寒，回到相隔二千余里，别了二十余年的故乡去。时候既然是深冬；渐近故乡时，天气又阴晦了，冷风吹进船舱中，呜呜的响，从篷隙向外一望，苍黄的天底下，远近横着几个萧索的荒村，没有一些活气。我的心禁不住悲凉起来了。阿！这不是我二十年来时时记得的故乡？我所记得的故乡全不如此。我的故乡好得多了。但要我记起他的美丽，说出他的佳处来，却又没有影像，没有言辞了。仿佛也就如此。"有读者评论说："这样的感情不是单纯的，而是复杂的；不是色彩鲜明的，而是浑浊不清的。这样的感情是一种哭不出来也笑不出来的感情。这种没有鲜明色彩而又复杂的情感，在我们的感受中就是忧郁。忧郁是一种说不清、道不明的情感和情绪，是一种不强烈又轻易摆脱不掉的悠长而又悠长的情感和情绪的状态。"这就是典型的"鲁迅式"的"忧郁"。这种"忧郁"并未跟随鲁迅先生远去，在现代社会反而更加悠长。

2015年春节期间，上海大学文化研究系博士生王磊光在《返乡笔记》中写道："'有故乡的人回到故乡，没有故乡的人走向远方。'我很庆幸我有故乡，可以随时回去，尤其可以回家乡过年。因为我的根在那里，我的亲人在那里，我的生活经验和记忆在那里。"作者的故乡多了物质，少了精神，再也回不到从前了，于是"鲁迅式"的感受与"忧郁"也就随之而来。

故乡是根植在国人血液中的文化基因。乡愁体现的是一种情怀，是一种信仰，是一种精神寄托，是美好的。于游子而言，人生的风景很多，但时有迷失方向的孤独。于是，故乡的那一缕乡音，那一份乡情，那一盏灯影，总让人觉得是最亲切、最温暖的，永远是游子心中浅吟低唱的梵音。

大学是人生的重要驿站，无数人"来"了又"走"了。十年之后，二十年之后，更多年之后，现代大学是否会成为学子们精神的"故乡"？是温暖亲切的还是忧郁无奈的？现代大学生们心底的"故乡"又在哪里呢？

大学寄托着人类的美好理想和对未来的期望，是人类希望的"花园"，人们对它的期望越高，要求也就越高。"忧郁"一词代表了人们对当前中国大学教育的失望与复杂的情感，同时也为我们提供了一种反思的视角。

对于当前中国大学教育的问题，学者们可谓仁者见仁，智者见智。陈平原教授（2007）将之归结为大学公信力的下降；眭依凡教授（2010）将之归结为官本位、市侩作风、学术不端和犬儒现象；刘尧教授（2004）则将之归结为官本位现象、定位错位现象、学术量化考评现象、英语与专业学习的错位现象、研究生教育"学店化"现象、大学生"考证热"现象、学术行为失范现象、中学开设大学生选修现象、师资选聘唯文凭现象和"填表教授"现象的十大怪现象。

不管如何见仁见智，"官本位"的问题在中国大学教育中十分突出，这一点已成学者或民间的共识。张楚廷先生甚至将"官本位"斥之为中国大学身上的"毒瘤"。在中国的大学得到了或部级或厅级级别的同时，他们也被套上了相同级别的"笼头"，其谬误之广、毒害之深更是难以想象。中国大学对权力的适应，对利益的迎合，损害了自身对智力和真理的追求，不仅把育人之圣殿、大学生人生之实验室弄得官气十足、暮气沉沉、人际复杂，更使我们与世界一流大学的距离越来越远！行政级别、官本位，是大学的一剂"销骨散"，其结果是使中国的大学教育失去了"都江堰"式的灵动与应有的尊严。

制造这些问题的是谁呢？正是我们口口声声呼吁着"独立自主"和

"学术自由"的中国大学自身。张楚廷先生（2007）认为，大学具有自组织性，即大学是具有高度成熟的自我调整、自我完善的组织。然而，具有自组织性的大学却制造着也许还将制造着"十大"，也许还不止"十大"怪现象，这才是中国大学教育真正的怪现象。

反思不是从现有规则中选择或适应，而是发展它们。反思是走向哲学化生存的必然阶段。我们有责任将关注的目光投向这些疑问、"没想到"和"怪现象"：大学囊括了太多的内容，已演变成"中等学校、职业学校、教师培训学校、研究中心、进修机构、生意事务——如此等等，一股脑儿"。"从事'难以置信的荒唐活动'，处理'一大批无关紧要的事务'。它们'不必要地使自己丢份儿、庸俗化和机械化'"（克尔，2008），从而与洪堡的柏林大学、弗莱克斯纳的"现代大学"相距甚远，与"真正的大学"已越来越不相干。糟糕的是，这种状况还将持续下去，并引起当代大学人取向与志向的巨大变化。

在这快速演变的过程中，"思想的烛光"靠什么来维持？富有想象力的"象牙塔"如何洁身自好？"思想的火花"如何才能给教师和学生以灵感和冲动？什么样的教育内容应该被高等教育机构发展？课程设置如何体现更大的灵活性和个性化，以此促进学生和教师之间的互动？教育仍然可以是一个纯粹的理论学习过程，知识转化尤其必要，但如何促进知识的转化？新的年轻一代的传统价值观已越来越弱，大部分都是个人中心主义者，当他们进入大学之后，期望能寻求生活的意义，希望在毕业时能找到一个好工作，同时也想尽自己所能为改变社会做出积极的贡献。大学如何顾及所有这些"期望"和"希望"，为青年学生提供适当的机会和新的手段，以方便他们寻找生活的意义？

大学教育的核心就体现在大学的求真、崇善、引智之中，它包括科学研究、学术责任、引导和发展民众智慧三层结构，并依次递进。

如前所述，知道如何利用信息是知识，而智慧则意味着以共享的知识来增加每个人的福祉，并且认识到个人的行动会产生相应的社会后果，因为今天的每一个人都与这个世界其他的人和事相关联。为了实现"智慧社会"，我们必须广泛地运用知识，以一个良好而平衡的方式促进不同层面的人的发展。每个人都应该意识到各自的社会责任和影响。

今日的中国大学和其培养的大学生，一方面心灵空虚，缺乏对真、善、美的感受与敏感性，精神无所归依；另一方面却在追求矫揉造作的特色或个性的张扬。而人们多以"处在社会转型期"为借口而轻轻带过。这是中国大学缺乏想象力，进而缺乏智慧的明证，也是其必然会产生的后果：不再关心这个社会，不再关心未来，更不再关心大学里的学生会成为什么样子，一切都变得急功近利，缺乏远见卓识，越来越成为社会中的一个普通服务机构，从理想主义的精气神中滑落，不知魂归何处。

"改革三十年来，膨胀最猛的是教育，全民最重视的是教育，问题最大的是教育，变化最小的还是教育。"（郑也夫，2009）对于当代高等教育的"合法存在的危机"，有学者以哲学的高度从"对人类现代文明模式的企盼与大学理念的危机"、"大众文化的张扬与人的批判精神的萎靡"、"'科技至上'的泛化与人文学科的危机"三个大的方面集中进行了诠释和挖掘，研究认为，与对人类文明的变革与强烈希冀相比，高等教育观念的变革显然有些迟滞。这集中表现在高等教育的"理念危机"上，如大学理想的黯淡、大学观念的滞后、大学精神的失落、大学形象的扭曲、大学使命的弱化、大学目标的混乱等。

但大学的危机并不都来自"理念危机"，大学教育的实践活动除了理念，更是思和行的结合。亚里士多德提出的被我们所发展的实践智慧概念为我们提供了一个更丰富的词汇来概括今天的大学和大学教育。

二、现代大学教育危机的实质：对知识本身的热情掩盖了对生命热情的追求

"在历史上，高等教育多半受到来自校外的威胁，特别是它的自治和学术自由；同时，高等教育已经被引导到抵御外部的入侵。"（克尔，2001）[160]现今，社会正在响应经济上对更多的技能和更好的技术知识的需要，"国家组织为大量个人提供更多高等教育机会的愿望"（克尔，2001）[160]比以往任何时候都要强烈，在同一时间既要强调公平，又要更加强调优秀，这给高等教育以巨大的负担，而对高等教育内部本身的传统的经典价值观和独特的吸引力却又不太敏感。"社会已经把高等教育逼得太猛太紧，以致不能应答这些需要。"（克尔，2001）[160]

但不管外部力量如何限制，现在的大学教育更大的威胁还是来自内部。一是教授的"唯我"行为不断膨胀，知性追求、自身利益与道德行为时有冲突，"大部分教授甚至抛弃教学的'假装'"（克尔，2001）[154]，逃离教学，以知识换金钱，自身利益压倒道德标准。大学教师整体在非学术力量的控制下，日益失去尊严。二是现代学术范式全面挤压传统学术范式，大学日益成为非学术目的的地方。教师"对校园外的经济机会或者对校园内的校园外的政治关系具有较多依恋"（克尔，2001）[156]，传统学术范式中的以特定的学术团体为生活中心的严肃的"校园公民责任"正日益减弱。"新的学术文化也并不那么集中在特定的校园。有更多的人效忠于校外的机构和人士，效忠于为科研提供资金的机构，效忠于校外提供咨询机构的雇佣者，效忠于全国通过计算机和传真机进行直接接触的朋友。"（克尔，2001）[157]普遍的学术道德标准已越来越需要更加正规的法律准则来加以强化。学术团体的自我控制和自我惩戒程度越来越低，这导致外部（主要是指其他社会机构）越来越强势地参与大学内部事务。三是大学教育内部管理的行政化趋势在上述两个方面的综合影响下已越来越强化，大学自治体的团体意识已越来越弱。四是大学"保卫自己"的能力在"开放社会的自我毒害"（克尔，2001）[158]下已日渐瓦解，既不能有效地防御外部力量的侵入，又不能有效地防御内部的"虚无"。大学已很难维持它的"独特类型的场所"的本质。五是大学机构日益变得国际化，在外部威胁、内部的自我毒害下，"有时轻视地方的问题和事物，与支持它的真正公众失去联系"（克尔，2001）[161]，日益变得"疾病和虚弱"。

总之，在内外同时作用下，现代大学问题丛生，但其危机的实质归根结底在于对知识本身的热情掩盖了对生命热情的追求。特别是学校规模的扩大，使师生的关系更加疏远，学生得不到必要的人生指导。充满学术的最新进展和教师个性的传统大学课堂模式已受到严重威胁。大学被分为两部分，一部分是研究：教授一心做研究，出"成果"，出数字，把教学看作一个负担，不投入热情；教师之间也日益隔膜，相互提防。另一部分是获取专业知识：学生将全部注意力都放在专业学习上，其结果只是学了一些具体的技艺，有知无德，难以承担领导社会之重任。而大学存在的理由就是使教师和学生融为一体，"对学术进行充满想象力的思考，从而在知识与追求生命的热情之间建立了联系"（帕利坎，2008）[110]。而这正是大学的生命所在，也是大学教育智慧的核心。现代大学刚好切断了这二者之间的联系，学问共同体自然也就名存实亡。

现代大学问题的另一个方面表现在对研究性的强调，使研究院在大学中喧宾夺主，其负面结果是本科生教育受到忽视。现代大学里无数专业学院的出现以及学生数量的日益增长使专业学院与大学不是越来越近，而是渐行渐远。专业学院与大学的关系本应是十分密切的，大学里的文理课程、人文传统、价值观念等使专业学院变得卓越，专业学院的学问世界以及与世界实际问题的联系与互动在丰富专业学院的同时也给大学带来了活力。大学内各专业学院之间的联动使专业学院与大学彼此受益，而今过多的专业学院却刚好相反，已日益受到批评。教师和学生知识面过窄，缺乏相关知识背景，特别是哲学、历史、社会科学和语言等，这限制了教师及其学生与其他学科的顺利交流，也影响了他们未来的成就。而哲学、历史、社会科学和语言正是激发生命热情的引子与武器。知识与生命热情的追求之间的联系断裂了。从钱学森的"世纪之问"中也许可以找到一部分答案。

第三节 大学教育如何拥有自身智慧

麦克唐纳（2006）提出：我们明白了智慧是什么，然而智慧是如何发展的？高等教育可能在这一进程中发挥什么样的作用？有什么具体的步骤能让大学促进社会经济和文化的智慧呢？麦克唐纳没有给我们明确的答案，但他提出的几个问题需要我们认真解答。

目前，我们正脱离对智慧的基本关注，一味强调获取科学知识是危险和不合理的。大学教育需要致力于寻求促进智慧的合理手段，而不是仅仅优先考虑寻求知识。学术界的一项基本任务就是帮助人类了解如何建立一个更美好的世界。

危机意味着转机。通过反思，我们知道了问题所在。透过问题，我们知道大学教育要引领社会智慧自身必须先拥有智慧。

一、对智慧的探索：现代西方大学学术研究的革命

"在本体论意义上，人类教育是一种通过知识促进人的智慧发展，培育人的智慧性格和提升人的智慧本质属性的活动。它包括促进教育者的智慧发展和受教育者的智慧发展两个基本方面。""当代教育的主旨在于培育'智慧活动的主体'。这一点在今天和未来的教育中将会愈来愈凸显。"（靖国平，2003）[3]今天的我们后来居上，超过以前所有的文明古国，尤其在这个全球化时代，一种强大的力量又逼迫着我们去改变自己，去超越现今这个时代，这种力量从哪里来的？历史表明，这种力量有很大部分是从大学来的。

麦克威尔（2009）指出：对智慧的追寻是解决生活问题的核心学术问题，智慧探求的任务是促进公共教育发展，使其发展程度远远超出今天学者的任何企图或想象。这还有很长的路要走，我们迫切需要一种合理的学术探求，以致力于协助人类了解如何建立一个更美好的世界。在学术研究的目的和方法上，我们迫切需要一场革命。

西方大学为什么强大？为什么我们要向西方大学学习？一个根本的原因是西方大学强调"智慧的追寻"，着眼于"建立一个更美好的世界"。现在我们发现这场"革命"正在西方大学进行，以更好地开展对智慧的追寻。

一是学术研究目的的革命。西方大学重自然科学，并致力于改变三个领域：证据、理论和目标。但西方大学将学术研究作为一个整体，将其为全民服务放在更加重要的地位，强调学术研究的基本任务是阐述生活问题（个人和社会），并提出可能采取的行动和审慎可行的解决办法。这也是社会科学和人文科学的任务。西方大学认为，解决问题的知识是次要的，社会科学将是学术事业的核心，它将比自然科学提供更根本的智力支持。在较为长期的基础上，社会和政治生活中，社会科学将帮助人类建立合理的解决问题的协作方法，有助于人类逐步获得以比目前更合理的合作方式，以解决我们生活中的矛盾和问题。学术界将积极寻求通过讨论和辩论的方法来教育公众，而不仅仅是研究公众。学术界将有足够权力，以保持其独立于政府、工业、媒体、公众舆论，而不是被它们所束缚。

这些变化都来自学术界解决目前根本问题的要求，这些变化不是任意的，目的是增加人类的福祉。这场学术研究目的的革命将改变学术研究的各个方面和每个分支。

二是学术研究方法的革命。在过去的10年甚至20年里，西方学术界发生了各种各样的变化，最主要的是将对智慧的追求付诸实践。西方大学正致力于改变学术界，使之成为一种教育资源，以帮助人类了解如何建立一个更美好的世界，即所谓对智慧的追求。它着重解决的是一个非常重要的哲学问题，即什么样的学术研究能够更好地帮助我们建设一个更加文明的世界。

在近20年，西方从事智慧研究的主要是大学和大学教授，研究的重点是全球问题及与人类未来发展息息相关的问题，并注重全球化的合作研究。西方大学对于智慧的追求最重大的成果，也许就是关注社会政策、环境恶化、气候变化、贫困、不公正、战争、医疗道德和居民健康等事项的部门、机构和研究中心的建立。

以英国的大学为例，近20年来，伦敦大学学院（University College London）建立了各种与政策问题有关的部门和研究中心。伦敦大学学院不仅有 141 个研究机构和中心，一些新的研究机构也在最近成立，许多具有跨学科的性质，研究的主题包括城市、文化、公共政策、环境、管理、人口老龄化、人口迁移、癌症、全球健康、神经系统科学与安全等。此外，伦敦大学学院最近也试图在几个大的领域展开研究，包括全球卫生、城市的可持续发展、不同文化间的相互影响和人类福祉等，目的是更好地解决困扰人类的巨大的全球性问题。（麦克威尔，2009）

再如牛津大学于 2005 年成立了詹姆斯·马丁 21 世纪学院（James Martin 21st Century School），通过采用新的概念、政策和技术，以使未来更美好。詹姆斯·马丁 21 世纪学院由 15 个研究学会（所）组成，研究的范围包括老龄化、武装冲突、癌症治疗和减少碳化物、海洋、科技创新与社会和人类的未来。在牛津大学还有成立于 2008 年的史密斯企业与环境学院（Smith School of Enterprise and the Environment），以帮助政府和行业解决 21 世纪面临的挑战，特别是那些与气候变化有关的问题。（麦克威尔，2009）

令人印象深刻的是廷德尔气候变化研究中心（John Tyndall Center for Climate Change Research），它于 2000 年成立，由来自 10 所不同大学或机构的 28 名科学家组成，总部设在英国的 6 所大学，并与其他 6 所大学相连，经费由三个机构承担，即全国环境委员会（Natural Environment Research Council）、工程和自然科学研究委员会（Engineering and Physical Sciences Research Council）与经济与社会研究委员会（Economic and Social Research Council）。该中心汇集了科学家、经济学家、工程师和社会科学家，还包括企业领导、政策顾问、媒体和一般公众，他们一起工作，通过国际间跨学科的研究和对话以应对气候变化。（麦克威尔，2009）

与廷德尔中心类似的组织是英国能源研究中心（UKERC），它于 2004 年成立，在 12 所英国大学或研究机构进行协调研究，也是由 3 个机构资助的，即上述的 NERC、EPSRC 和 ESRC，它的使命是成为研究中心、权威信息来源中心和可持续能源系统。UKERC 还成立了国家能源研究网络（NERN），以寻求把包括来自学术界、政府、非政府组织和企业

等在内的整个能源社会连通起来。(麦克威尔, 2009)

所有这些努力得到了世界各地许多大学的回应。崇尚未来意识的学术革命性变革正在西方大学如火如荼地进行, 但所有这些事态的发展只能被视为智慧探求的第一步, 并不等于大学教育智慧。成立几个新的环境研究机构以及着重于各类政策的一些研究等加起来本身并不就是完全的智慧探求。为了使智慧探求充分融入学术实践当中, 社会科学和人文学科应更多地帮助人类了解如何用比目前更合理的协作方法处理巨大的全球性问题, 这是至关重要的。

知识模式的变化与重组不是大学知识统一性的终结而是新的变革。大众教育和知识的民主化使大学重建已被打破的统一性已不可能, 但现代大学最重大的变革是为多种多样的知识提供交往的机会和为拥有不同知识的大学人提供交流合作的平台。如耶鲁大学、麻省理工学院 (Massachusetts Institute of Technology)、华盛顿大学 (George Washington University)、哈佛大学、普林斯顿大学 (Princeton University)、斯坦福大学 (Stanford University)、密歇根大学 (University of Michigan)、威斯康星大学 (University of Wisconsin)、剑桥大学、牛津大学等提供的开放课程可以与全世界共享, 广博的基础课程加上哲学般高屋建瓴的认识, 既可供学人交流, 还能培养学生提出问题、分析问题、探究问题的能力。一流课程的全球化有助于共创一种追求真理、催人奋进的大学精神。

上述学术研究方法的革命就是现代大学教育最重大变革的体现, 即知识的普适性使大学最容易拥有国际视野和最容易融入全球化。

大学制度也需要变革, 例如, 创建一个机构来制定政策和立法, 使大学充满想象力和批判性, 不受政府的桎梏。但从目前的情况看, 学术界还没有建立这样一个机构。

人们日益认识到需要改变我们的大学教育, 以帮助个人了解什么是真正的人生价值, 并帮助人类了解如何处理全球性问题。所有这一切都突出了智慧探求的基本特征。也许, 真正的智慧探求的开端正在于付诸学术实践。

麦克唐纳（2006）指出，美国高校存在着一种尴尬的情况：一方面，为保存现状有压力，因而有长期既定的标准来适当规范学术行为，但最根深蒂固的想法仍是什么学生应该被教；另一方面，在一些地区和高校，对传统已有重大突破，但整个学校的重点都建立在人类目前的状况上，比如在罗林斯（Rollins），目前有下列部门和研究内容：环境研究、国际关系、可持续发展、妇女研究、国际商务，以及其他侧重于当前社会问题的研究。

学生在这些方面的学习和训练显然会受益，但除了重点研究这些基于人类目前状况的问题之外，高等教育机构是否还可以做得更多呢？麦克威尔认为，高等教育机构能够比现在做得更多。高等教育机构不仅要教学生有关的社会问题，而且所有高等教育机构都应该对自己能够做的进行深刻的、严肃的、多学科的探索。这些探索需要学生、教师的参与，有些思想或由师生之间的亲密合作中产生。（麦克唐纳，2006）

当前，我国许多高校以"世界一流大学"为目标，以追求"高层次"，争取硕士或博士授权为手段，这与西方大学正在进行的学术革命有着根本区别。前者是"一窝蜂"的盲目，是智慧缺失的表现，后者是通过学术研究尝试展开对智慧的追逐。

二、深入探讨：大学教育通向智慧的多维方式

如前所述，我们的目标就是要实现一种强烈的实践智慧感，并将实践智慧发展下去。接下来的问题是，如何才能构建和促成大学教育自身的智慧呢？笔者认为，对智慧的探求本身是一个长期的过程，智慧的构建不应该被分成几个层次或水平，而是需要形成关于大学教育智慧的多维方式。这种多维的方式，首先是由大学教育的社会和文化背景、物质现实和教育活动决定的。根据这种多维的做法，大学应为自己提供实际的机会来了解和探讨大学教育实践活动的本体论、认识论，以及政治、经济、技术和历史问题，以此为基础来发展自己的实践智慧。

"本体论"是关于存在的学说，是对存在的追问和界定。人在进行最

高存在的追问中，得到的并不是知识的积累过程，而是对知识活动的不断超越，超越知识的限制，最终获得智慧。智慧对人是最珍贵的，它也赋予人发展的源泉和动力。

"存在"即是有。大学本生于无，由无到有，这个"有"来自何方？与大学教育相关的存在论还可以提出如下问题：什么是大学？什么是大学教育？用什么来确定大学教育的存在？什么时候大学教育不再存在？

关于大学教育智慧可以探讨如下问题：大学教育智慧是谁的智慧？智慧之于大学教育在哪些范围内有效？这是否意味着我们的大学目标和学术方法需要一个革命性的变化？大学教育怎样才能促成学生智慧的发展？帮助人类了解或学会创建一个更明智的世界，对大学教育而言是合理的要求吗？

与其他社会机构相比，大学究竟有什么不同？在现实社会生活中，大学的本质究竟是由什么决定的？总体说来，对这两个问题的回答关涉两个方面：一是大学在社会生活中的地位，即大学与其他机构相比的优越性；二是大学在社会生活中的行为，即大学用什么来表达它的追求和目的。

大学是大智大慧相互碰撞的地方，是人类希望与梦想的栖息地，它充满了想象与创造。世俗社会是人类生活的实现空间，社会机构（除大学之外）是实现世俗生活的助推器，也是世俗生活的代表。大学则是多种文明形态、无数知识的汇集地。大学因为不可撼动的信仰而对社会有巨大的引领作用，理应在复杂的思想碰撞中产生引领人类思考和促进社会前进的东西，理应具有支配自身命运的素质和能力，超越其他社会机构，超越它的时代。

了解本体论问题，有助于大学反思有关大学话语的形成和构建，以及教育教学的做法和大学教育在世界上的存在方式。

成为世界一流大学的重要前提在于对大学本体论的深入了解。这从一些世界一流大学的校训中就可以反映出来，如哈佛大学的校训是"与柏拉图为友，与亚里士多德为友，更要与真理为友"；耶鲁大学的校训是

"真理与光明"；北达科他大学（University of North Dakota-Grand Forks）的校训是"智慧乃文明之基础"；剑桥大学的校训是"此乃启蒙之地，智识之源"；斯坦福大学的校训是"愿学术自由之风劲吹"。而我国大学的校训大多形式与内容雷同，有些甚至是政治式的口号，所以，我们缺少世界一流大学也就顺理成章了。

"教育与经济、政治、宗教、艺术等都有联系"（张楚廷，2009），但教育不是为经济、政治服务的工具，而"应当是经济为教育服务，政治更应当为教育服务"（张楚廷，2009）。但这并不妨碍大学对政治和经济问题的探索。

对政治问题的探索有助于大学及其大学人认识到他们在重组社会、教育、政治和现实生活中所参与的沟通方式、权力或力量。在柏拉图的《理想国》中，政治的组织和教育的组织是一体的。如果大学教育有助于建立一个更加公正、公平的社会秩序，那么它应被看作是建立在语言、历史、文化、政治等主题的研究基础上的一种文化政治。在我国，大学教育与政治可能永远也无法分开，但大学要努力争取与政治分离。对政治问题的探索有助于大学及其大学人思考关于学校教育的社会和政治背景，以加强学校与社会的平等、公正，从而使大学教育更加自由，不至于眼光迷乱。

了解经济问题，将为大学及大学人提供实际的机会来分析如何控制与现有的不平等的权力、商品分配和服务学校相联系的话语实践，以及全球市场经济和社会制度如何影响教育体系的政策和实践。"时代的社会需求决定了课业所要传授的内容。"（雅斯贝尔斯，2007）[78] 在当今这个"以经济为重"的社会，加强对经济问题的探索，能使大学及其大学人审慎分析什么知识是教育所需要的，什么知识是最值得教的，并在此基础上把握大学教育的整体性质，确保大学专业不沦为"职业性专业"。

分析技术问题将有助于大学和教师了解如何将课程知识传达给他们的学生，有助于他们明白在教学实践中使用什么类型的教学技巧和策略，从而促使他们成为学科内容、时间管理、课堂纪律、教学方法、人际沟通、学习理论等方面的专家。

探索大学教育的伦理问题将有助于大学和教师了解如何才能为别人提供负责任的和公正的教育。大学教育伦理主要应注重人本、自由等原则的应用，以促进学生的自主性和理性趣味。探索大学教育的伦理问题，将促使大学教师保持高水平的学科知识，积极确保课程内容常新、精确和典型。研究型的教学从某种意义上说也是大学教育伦理的时代要求。

了解历史之维将为大学及其大学人提供实际的机会去探索在教育中正在发生的和历史上已经存在的问题。历史充满规律性，但并不成体系。与人性的辽阔和历史的深邃相比，大学人实际触及的只是生活和现实中的一小部分，把握的只是自己的狭窄世界，必须借助更宽广、更多样的历史经验。大学是孕育自由并能最终自由表达思想的最理想的场所，大学必须充满历史感和进化论思想。如过去我们主要把知识和技能作为衡量人才的标准，现今，大学面临的一个最主要的问题已不是培养传统意义上的人才，而是大学能不能提供一种新的方式，让学生更有力量应对整个人类发展和全球变化的挑战。这种力量是什么？这种新的方式应该是什么样的？这些都是需要我们深入探讨的。对过去的新的理解同时也给予了我们对未来的新的展望，而这种展望反过来又会成为推动教育革新的动力。探讨历史之维是大学教育未来意识的重要体现，并能激活每个大学人内心的敏锐感觉。

对上述问题的探讨不能只是理论探讨，更重要的是要落实在行动上。我们通常所说的大学职能、大学精神、大学治理、教学与科研的关系、通识课程与专业课程的关系，甚至人才培养方式等都可从中生发并寻求解决之道。

以以色列大学为例。以色列建国后，始终把普及科学文化教育和提高科学文化教育水平作为立国之本，并置于国家各项发展的优先地位，教育的重要地位被以法律形式固定下来。以色列教育经费占国民生产总值的 8% 左右，从事科技研究人员的比例和投入研究与开发的资金与国民生产总值之比在世界上也是最高的。大学享有充分的学术和行政管理自主权，因此，获得国内拨款最多的机构是大学，发表自然科学、工程、农业和医学著作的人数在劳动力中的比例远远超过其他国家，以色列的大学被公认为世界一流大学。正因为以色列将以希伯来大学（Hebrew U-niversity of Jerusalem）为首的大学当作立国之本，把科学视为民族生活的一个中心因素，把科学家的智慧和献身精神真正当成资源，希伯来大学才发展为以色列高等教育和吸引海外学生与学者的中心。从1925年建校开始，希伯来大学就一直在各学科领域中保持着学术上的高水平。希伯来大学是当代最成熟的犹太学研究中心，是世界公认的阿拉伯和伊斯兰教育研究中心，是新约和旧约考古学中心。同时，希伯来大学也没有忽视历史、美学等人文科学的众多领域，它囊括了各个领域。希伯来大学将自己视为整个犹太民族的大学，从开拓荒地、改良土壤、征服地方疾病到研究如何适应干旱环境以及发展以色列农业和工业，大学和它的科学家们深入参与了国家发展的每一阶段，并在以色列的经济发展中发挥了突出作用。今日的希伯来大学正反映着年轻一代的雄心，引领着人们不断向前。（刘向华，1994）希伯来大学的政治、经济、技术、历史、教育伦理等融为一体，且相互促进，它的存在体现出了高度的实践智慧。

第四节 校园学习：大学教育如何促进学生智慧的发展

　　如今，关于大学教育的思想太少，且没有一种观念能将这些思想清楚地组织起来。教育思潮追求时尚与流行，如全球化、多样性、市场化、开放性、国际性、社会化、产业化、学术化、对口与适应等时髦概念不绝如缕，以致贪多嚼不烂。

　　仔细去思考，你就会发现一些理论或实践充满热情但很短命，其原因是对大学及其教育过程的理解是孤立的，与教育探讨具体的人际关系的主要特点相孤立。

关于大学教育思想的中心近来也在快速地变化。在不断变化的过程中，教育本身以及面向对象活动中最主要的意义是什么？什么使得大学更像大学？解决这些问题最根本的办法还是按科学办事，理论与实际相联系。

理论和实际的解决办法，属于我们所说的实践智慧范畴，即运用知识于生命或实践。这是一个需要从根本上解决的问题。笔者认为，这是一个痛苦的问题，它无须加以证明，但随着时间的推移，如果不去解决这个问题，我们的事业会有越来越多的麻烦。

大学承担着培养高层次人才的任务，大学生是文化传承的主要载体。曾连续 20 年担任哈佛大学校长的博克（Derek Bok）在大量实证研究的基础上，考察了美国大学生取得的进步与本科教育的目标之间的差距。博克（2008）指出，虽然大多数学生在很多重要的方面都有收获，但是在写作、批判性思维、数理能力和道德推理等方面的能力还远未达到社会期望的水平，多数大学高年级学生在外语口语、文化和美学养成以及准备成为活跃而富有知识的公民方面并未取得长足的进步。于是，从类型、性质和背景极端分化的美国高校体制中，博克（2008）提炼出了一组具有统领全局的大学教育目标或任务。这些目标包括：（1）运用母语准确而优雅地进行书面和口头表达的能力；（2）运用逻辑和数理推理方法进行批判性思维的能力；（3）提高学生的道德意识；（4）培养大学生的公民意识；（5）培养学生适应多元文化环境的素养；（6）培养学生的全球化素养；（7）培养学生广泛的学术兴趣，避免过分专业化带来的视野狭隘的倾向；（8）学生就业能力的培养。

台湾社会学家杨国枢教授（2000）指出，大学教育必须同时达成以下四点：（1）培养大学生对自己内在身心特质的了解；（2）培养大学生求取新知的方法与能力；（3）培养大学生适应个人生活所需要之较高品质的能力、情操及行为；（4）培养大学生理解与关怀全世界、全人类所需之较高品质的能力、情操及行为。

透过博克和杨国枢的论述，我们可以从中获得更多的关于大学教育的启发：教育的中心问题应以学生和社会福祉作为出发点和归宿。结合前文布朗智能模型的六因素与特罗布里奇的综合智慧进行对比，我们可以发现，大学教育最核心的任务其实就是构筑一个促进学生智慧发展的综合环境或条件。

直接或间接促进学生智慧发展的便利的条件是什么呢？布朗（2004）认为，促进智慧发展的便利的条件是：（1）学生学习的方向或定位；（2）经验；（3）与他人的互动；（4）与环境的互动。大学是一个能够融上述四个方面于一体的共同体，除了构建自身的智慧，大学教育还需要构筑一个"无缝校园"，以促进学生智慧的发展。

一、学问共同体：大学生智慧成长的沃土

"时为学所用，师为学所养，钱为学所花，财为学所备。""学校，关键字是'学'字。大学，也是一个学字，却是一个大写的'学'字。毫无疑问，大学里，学生优先，学者优先，管理人员最优先的事项是确保他们的优先。""看一所大学像不像大学，看它那个'学'字写得有多大。"（张楚廷，2005）这里的"学"字主要指学生和学术。对学生尊重得够不够，学生发展得好不好，教师的人格独不独立，学术自不自由，在很大程度上决定了那个"学"字有多大。

大学既不是堆放杂物的货栈，也不是出售商品的集市。纽曼坚持认为，"一所大学就是一个家园，一座大厦，科学的、和睦的家庭大厦，各种科学都是姐妹，彼此之间情同姐妹"（帕利坎，2008）[62]。纽曼在"论基督教与科学研究"的演讲中，深入地阐述了他的思想：大学是保护所有知识与科学、事实与原则、探索与发现、试验与思辨的"高级保护力量"；大学并不特别注重某一个系科，无论它有多么宏大和高贵；大学也不牺牲任何一个系科，根据各自的影响力，大学对于文学、物理学、历史、形而上学、神学等提出的要求表示谦逊和忠实；大学对所有这些学科都不偏不倚，按其各自的位置，为其各自的目标来促进每一种学科，让每一个领域的边界都受到宗教式的尊重，哪一方也不必侵蚀邻里或者

投降。（帕利坎，2008）[62-63]各学科之间尚需相互促进，何况从事科学研究与教学工作的大学学者们呢？帕利坎（2008）认为，"大学必须是学者的共同体，但是这个共同体同时又是自由的和负责任的"。

大学是师生共同体。大学的最初意义其实就是教师与学生的共同体，其共同的目的是"为了获取一种意义深远的自由"（雅斯贝尔斯，2007）[83]。教师与学生之间具有内在的关联，核心是师生双方在"对学问的共同追求"的同一信念下共同探索，学生不依赖教师，教师也不是学生的中心。教师尊重学生，不控制学生，并向学生学习。"教师的天职不是向学生灌输知识，而是允许本来已经驻留在那里的知识见到光明；用苏格拉底耳熟能详的比喻来说，教师不是真理的父亲，而是产婆。"（帕利坎，2008）[64]通过共同探索让学生成为自己，而不是使教师的心灵成为学生心灵的尺度，让教师和学生在教学的旅途中充满喜悦和成就感，这是师生共同体最主要的特征和表现。这是一种健康的关系状态，它不容易凭空产生，但从形成的性质来看，责任主要还是在教师。

大学也是师师共同体。师生共同体的联结程度取决于教师之间的共同体的完整程度。当今大学处于更为国际化、多样化和多元化的背景之下，教师应怀有结成共同体的渴望，对于这一进程中出现的根本问题或直接观点与信念应成为教师之间讨论的公开主题。大学教师的心灵需要自由活动的空间。大学应承认多元化的事实并允许教师各种立场的存在，否则，大学将一事无成。同时，"现在大学教师在完成教育工作的时候都必须敏锐地意识到其他的研究领域和其他的课程"（帕利坎，2008）[66]，即从事学科研究与教学的教师之间也应情同姐妹，相互进行唯真理或精神的交流，但不必承担现实的责任。师师共同体是促进师生共同体的前提和保证，否则，师生共同体将没有源头活水。

大学还是生生共同体。在大学里，除了师师之间、师生之间的学习与交往，还存在着学生之间的交往与学习。大学必须留出让学生"自我教育的空间"（帕利坎，2008）[66]，这种"学生对学生的教导"可"占本科生教育的三分之一"，因而，"创造大学生宿舍的形式和结构"可以说是非常具有想象力的（帕利坎，2008）[67]。大学就是青年学生的聚合之地，而开放、敏锐、富有同情心、观察力强、善于学习则是青年学生的特点，因此，当他们自由交往的时候，即使没有人教他们，他们也会相互交流和学习。纽曼结合自己在牛津大学当本科生的经验，高度赞扬这种"独立于师长的直接教导"之外的"自我教育"。"每个人的谈话对于其他人都是一系列的讲座，他们日复一日使自己具备全新的观点和看法，吸收新鲜的思想，养成判断事物和采取行动的种种不同准则。"（纽曼，2001）[66]这样的"青年团体将构成一个整体体现出某种特定的理念，代表某种理论，实施某种行为准则，提供思想与行动的原则"（帕利坎，2008）[66-67]。这种鲜活的教导，将会催生"一种自动延长的传统"（帕利坎，2008）[67]，"就会一个接一个或多或少地影响并造就不断被送入其中的每一个人"（纽曼，2001）[67]。

大学作为学问和学者共同体，既是一种共同的召唤，也是一种心理压力，即召唤共同体中的所有人尽最大可能地展现自己的个性与能力，以促进共同体的发展；同时，对于共同体成员也有一种持续的压力，为了不辜负这种来自内心深处的共同召唤，学者们必须展现和证明自己。

学者共同体还有一个重要的功能就是保护学者独处的自由与权利。独处是创造性的源泉，在强调共同探索的同时，必须让学者有时间沉静下来。普林斯顿高等研究所（IAS）之所以被称为"智者的旅店"，是因为它的两项非常有特色的工作：一是供给学者们安适的环境、闲暇的时间，让他们去做灵魂深处的探险工作，即让他们有思想的自由；二是等，等多久呢？具体时间谁也不知道，也许十年，也许几十年，也许上百年，等的是学者们思想的火花迸发。这种"等"是值得的，人类的文明也许会因此向前迈进一大步。（陈之藩，2009）

总之，当师生共同体、师师共同体、生生共同体相互融合、相互促进时，大学校园就是学生智慧生长的沃土。大学教育的职责就是依据学生不同的素质和能力帮助他们向这个目标迈进，正如北大原校长许智宏（2008）所说："我觉得大学是个花园，应该为同学们的成长、为老师的成长提供最好的土壤。同学们是各种各样的植物种子。你们也许会长成参天的大树，也许长成非常不错的一株灌木，也许是各种非常漂亮的花草，也许是默默无闻的路边青草。但是大学应该根据每一个同学的情况，提供最好的成长条件。"芝加哥大学校长芝莫尔（Robert Jeffrey Zimmer，2012）表示："作为一家高等教育机构，我们能够创造出来的或者增添的价值，不在于具体的技术，而在于我们能够提供一个很好的人文环境。在这样的环境当中，营造一个教授和学生、学生和学生之间可以互相学习、争论的氛围，教会年轻人怎样去思考，这才是最重要的，是大学能够提供的最大的价值所在。"

综上所述，大学作为学问共同体的特征越明显，就越能为学生智慧的发展提供经验与互动，同时帮助学生明确学习方向。衡量大学教育为学生智慧的发展提供便利条件的一个重要尺度是学问共同体的完整程度。

二、"无缝校园"：促进学生智慧的发展

智慧连接着许多期望。如何开发学生智慧？大学对这一进程如何起促进作用？大学教育受到许多利益相关者越来越多的关注，特别是家长和学生。家长们想知道大学如何为他们的投资提供回报，学生们普遍想知道从他们的教育经历中能得到什么。利益相关者明确地把关注的重点从什么被教转移到学到什么上来。对此，鉴于目前大学校园仍然处于分割的状态，一个明显的趋向便是大学更加注重本科教育的整体经验，并希望重新将"散碎"的校园从本质上连接起来。教育工作者呼吁将学习环境"无缝"连接起来，而不是将校园环境分割开来。只有"无缝校园"才可能让学生成为自己。

为了更好地理解大学学习经历的复杂性、整体性，我们可以对影响学习质量和效果的因素略加探讨。

影响学习质量的主要方面是心理因素和认知因素：包括学习取向的质量、学习风格有关的学习策略和进行课程材料学习的各种动机的强度；感性认知影响认知关系的直接综合，以及对日常生活的细节和对重大决

策与变化的参与。影响学习效果的还有环境和组织因素，如学习共同体或学习社区，强调行动和经验，使教师们模仿学习过程，强调概念构架，促进人际合作，强调教学效能的频繁反馈，设计课程，不断发展相对有限的学科技能等。与学习过程有关的环境因素是课内外的教育经验及周围人的影响，如教师、管理人员和同伴等。

"智慧大于部分的总和，不仅仅是个人素质、知识、技能和洞察力的简单集合，它着重的是一个更大的目的。"（布朗，2004）然而，高等教育研究人员往往将研究集中在特定的孤立的学习效果上，主要解决"学什么"和"在哪里学习"，而"如何学习"则在很大程度上被忽略了，没有一个具有启发式的模型来将这些方面整合在一起，并解释它们之间的关系和相互作用，以及详细了解学生的反应并把他们课内课外、校内校外的学习经验结合到一起，并应用到他们的生活中。很少有学生了解如何把它们联系在一起，也很少有正式的机制来帮助学生不断整合并将大学期间的思想和行动变得更有意义。

真正的智慧不是模式化训练出来的，而恰恰是在复杂的环境中自由成长起来的。导致学生智慧发展的校园经验融合是一个复杂的现象，并不能简单地划分成不同的或多方面的离散变量。如何将复杂的环境融合呢？就是规划一个"无缝的学习环境"，将校园各方面进行整合以促进知识流程的集成和智慧一体化发展。

美国学术地位很高的前总统威尔逊（Woodrow Wilson）认为，对于学生的个人发展而言，重要的是一个"完整的大学生活"，而非仅仅是课堂教学。学生和老师课外的交流和正式的教学一样重要。教师除了要对学术做出贡献外，还要和学生分享自己的生活经验。（薛涌，2010）这与牛津、剑桥大学的学院制有异曲同工之妙：师生之间、生生之间共宿共学，既可以丰富学生的生活，有助于学生深入学习，又加深了学生对学院这一共同体的认同，大学成为学生乐学安居的"心灵花园"。

近年来，我国越来越多的院校大幅扩张，立志向综合类大学发展，以为只有这样才能给学生提供多学科的积累和丰富充实的校园环境。有的学校三年前才从学院升格为大学，现在已经成为涵盖经济学、法学、教育学、文学、历史学、理学、工学、农学、医学、管理学十大学科门类的综合高校。这种发展导向，浮躁在所难免，效果将由时间来检验。

大学最关键的，是拥有更多优秀学者，培养更多优秀学生。"一所大学成为世界一流的时间也许并不重要，重要的是大学的土壤应变得非常肥沃。如我们现在的北大与耶鲁相比，论文数量上的差距不是那么大了。但中国整个大学的软环境建设，都没法和国外一流大学比。"（许智宏，2010）这种"软环境"就是所谓的"心灵花园"式的"无缝校园"，上文所指的"学问共同体"即是其体现之一。

"无缝校园"是一种师生共享的校园文化，它的最大特点是多元统一、协调有序、兼容共生，其实质就是一个彰显人本关怀与充满活力的集合体。

"无缝校园"不仅仅与教学环境相关，也与教学目的、教学过程、教学内容、教学原则、教学方法、教学组织与管理等有关；不仅仅与教学相关，还与影响教学的不同因素有关。大学存在着各种典型的两两相对的对应关系，当这些对应关系和谐共生的时候，才是我们所说的"无缝校园"。

大学是一个多面体，从不同的视角有不同的理解，总结起来主要有四大关系。这四大关系比我们常说的教学原则内容要丰富得多，但都与学习过程有关的环境因素相联系，都与培育学生的智慧有关。"无缝校园"的重点是探讨如何将校园环境各方面进行整合以促进学生智慧的一体化发展。

一是教师与学生的关系。这一点在前面论述大学学问共同体时已有所涉及。费希特的大学教育思想及学术自由原则主要体现在师生关系上，即教师、学生各安其位，和谐相处。这是对教师与学生关系的最好解读。

大学生具有自主性、求异性、探求性和创造性的思维特点。尊重大学生的主体地位首先要研究和重视大学生的思维特征，把学生当作教学主体，鼓励学生全程、互动地参与教学过程，甚至鼓励学生敢于"不走寻常路"，向学术权威提出质疑，发起挑战。如美国的课堂一般被分解成多个讨论组，教师鼓励学生相互之间进行讨论，并认可学生异想天开的勇气和想象。学生在讨论的过程中充分展现出主体的参与意识，这有利于帮助学生深入理解讲课内容，也有利于教师对学生的适时测评。师生之间的协调互动有助于唤醒、激发和调动学生的主体意识，从而促进学生进行探求性和创造性学习。在美国大学，这种以鼓励为主来激励评价学生的教学方法非常普遍。如《福布斯》每年都会对美国大学进行排名，其中采用上述方式的小班授课是一个重要的指标，往往影响大学排名。

牛津、剑桥两校在宽松的文化背景下，充分展示了教师与学生之间的人性之美。比如教授们从不强迫学生上什么课，或怎么上课，一切全凭学生自己决定。从教师的角度来说，如果有学生把导师给辩倒，那一定是导师最快乐的一天。英国人自豪地说："牛津大学和剑桥大学，似乎把学生当成了生物，让生物生长；别的大学，似乎把学生当成了矿物，让矿物定型。"（魏得胜，2007）

大学生自信、健康、向上的人格品质只有在这样的教育环境中才能慢慢养成。对教师而言，这种教学方式要求教师必须了解学术前沿，同时，学生之间的讨论以及学生与教师之间的互动又会激发教师的学术灵感，改善教师的研究方法和教学方法。

芝加哥大学一个重要的特点就是有活力。这种活力不仅仅是它拥有优秀的教师和优秀的学生，而是来自于师生之间、师师之间、生生之间的相互争论、启发与促进。良好的师生关系有助于学生深入学习，而中国的大学恰恰缺乏这种"各得其所"的师生关系。陈丹青教授（2010）在给清华大学美术学院的辞职报告中指出："学校的主人，学生也。学生活跃，则气氛活跃，反之亦然。就我所见，本院学生在教学中始终是缺席者、沉默者，唯考试交钱，顺应教条而已。"社会的功利观，应试文化的恶性循环，加上管理教条节节收紧，已在长期磨损大学生的朝气、锐气、志气与青春活力。由点及面，引人深思。

二是知识传授与思维训练的关系。美国耶鲁大学校长莱文（Richard

Charles Levin，2010）说："中国大学的本科教育缺乏两个非常重要的内容：第一，就是缺乏跨学科的广度；第二，就是缺乏对于批判性思维的培养。"前者涉及知识传授的内容与方法，后者是指思维训练。学生要达到知识结构跨学科的广度，需要独立思考意识、兴趣广泛、知识面宽广，既要有逻辑思维也要有形象思维，且需要逆向思维意识与发散思维意识相结合，而全面的知识又有助于开阔思路并具批判性思维。二者是相辅相成的。

我们的学科专业分得太细，理科、工科、文科之间缺乏有机联系，没有兼收并蓄。这样的学科专业划分最大的问题在于，我们的学生在进入大学选定专业之后就很少学习本专业之外的东西了，而且我们的课程与教育方式太注重对内容的掌握，由此导致的后果是学生因专业而视野狭窄，因我们传统的教育方式而缺乏想象力和批判性思维。特别是大众化时期的大学教育，更加重视专业知识的传授，而人们也往往把大学的"授业"理解为专业知识和技能的传授。这种理解是片面的。虽然为学生将来的职业奠定基础是大学教育的责任，但任何一个专业或职业都与整体的人和整体性的知识有关系，"倘若其中有哪一门职业疏于促进我们和整体之间相互关联，疏于培养我们对整体的感受力，疏于向我们展示知识的广阔，或者疏于训练我们从哲学的角度思考问题，那所有这些职业的训练必然是没有远见的，也是不人道的"（雅斯贝尔斯，2007）[76]。

"大学也是一种学校，但是一种特殊的学校。学生在大学里不仅要学习知识，而且要从教师的教诲中学习研究事物的态度，培养影响其一生的科学思维方式。"（雅斯贝尔斯，1991）[149]"大学的作用不是填鸭式地把尽可能多的事实填满学生的脑子"，而是要"引导学生养成批判考察的习惯，以及理解与所有问题相关的原则、标准"（罗素，1997）[106]。如第三章所述，除了渊博的知识之外，智慧的第二个关键的认知特点是高度发达的思维能力，而批判性思维也是智慧必不可少的重要特质。

具体到教学方式上，德国大学课程教育的特点主要体现为学生选课条件宽松化、授课方式多样化、自学研讨团队化、学习科研实践化，始终体现出对学生在大学阶段思维和成长本性特点的准确把握，符合大学生本性发展的要求。（刘亚荣 等，2001）英国的大学教学是以学生为中心组织设计的，特别强调培养学生的自学能力，除了正式授课外，口头演讲、课堂讨论、小组作业等教学形式在英国大学教学中也占有很大比重。英国的大学对学生提问给予鼓励，实行导师制，目的就是培养学生提出问题的能力和通过自己努力找到答案的能力。学生提出问题后必须自己找到答案，而不能直接从书本上或导师那里获取。如伦敦大学学院院长格兰特（Malcolm Grant，2010）说："大学应该找准自己的角色，不应该再教学生死板的记忆性内容，而应该教会他们，独立思考能力、逻辑思维能力，让他们敢于提出自己的观点，并能自圆其说。"而美国大学主要是小班授课，注重互动式的讨论会，彼此挑战，而不是盲目地接受导师的观点。"现在美国的顶级大学的考试，一般来说不会要求学生去死记硬背一些事实，而是让他们去解决以前从来没有碰到过的问题，去分析某一个观点的两个方面，同时表达自己的观点。"（莱文，2010a）

在这些讨论、作业、互动、挑战的过程中，学生直面学习中的问题和自身的弱点，从而逐渐养成自我学习、自我激励和敢于质疑的能力和习惯。另外，学校应为学生创设课内与课外相结合的良好的学术环境，重要的是让学生学会相互学习并勇于挑战权威，学会自己对自己负责。

李瑞环说："书本上说过的，文件上肯定的，权威人士讲了的，被经验证明的，大多数人公认的。若不敢碰这五个方面，就无法研究。"（姚忆江，2010）敢于质疑、挑战权威是开展理论研究的前提。如爱因斯坦的狭义相对论就来自对牛顿时空观的怀疑和挑战；罗素 15 岁才开始思考哲学问题，思考的动力主要来自其对自幼受过熏陶的宗教的基本教条的怀疑。对根深蒂固的宗教和信仰的怀疑是罗素成为哲学家的第一步。可见，培养学生敢于质疑、挑战权威的精神，正是培养创新型人才的基础，而这正是我国大学教育问题的症结所在。牛津大学校长汉密尔顿（Andrew Hamilton，2010）说："各国应根据国情来采取自己的教育方式，目的是一致的，就是使学生可以分析问题，有思辨的能力，而中国最缺的就是敢挑战权威的学生。"

学习的自由来自批判精神，批判性思维或批判精神来自独立意识。与欧洲古典大学相反，中国大学以政治论为基础，强调社会功能，积极入世，一方面促进社会的发展，另一方面成为政治的附庸，缺乏独立意识，批判精神自然也就无从谈起。莱文的质疑可谓一针见血。

三是自然环境与人文环境的关系。大学校园里的人赋予了大学自然环境的灵动，同样，大学校园里的自然环境也赋予了大学人的灵动。自然环境与人文环境的交相辉映则是大学自身的需要。

以剑桥大学为例。剑桥大学的格兰切斯特（Grantchester）村庄有什么特别的呢？它只有草屋、花园、一座教堂和三家客栈，而这样的村庄英国有数百座。格兰切斯特村庄里约有 600 位居民、3 位诺贝尔奖得主、5 名皇家俱乐部成员和 8 名剑桥教授。"英国最高贵、最理想儿子的象征、英国最英俊的青年"布鲁克（Rupert Brooke）于 1909 年 6 月从国王学院搬到格兰切斯特，是少数成为客栈招牌的诗人之一。没有布鲁克，格兰切斯特就仅仅是一座知识分子村，和剑桥周围许多别的村庄没有区别。没有格兰切斯特，布鲁克就永远写不出他最受欢迎的诗。"此刻我们坐在那里的绿色躺椅里，放松地散布在苹果树下和梨树下，喝着不再加蜜的茶，不过大概加了茶店里介绍的布鲁克诗句，坚信我们是身在民族的一座神圣树林里。"（批格尔，2005）[172]这是后来剑桥其他学生的生活和感受。村庄、树林、草地、茶店、名人、诗句、学习、思考、生活融为一体，人与环境交相辉映，生命于是处于灵动之中。

格兰切斯特只是其中的一景，剑桥大学的大部分地方都是人与景的灵动。早在 1883 年，詹姆斯（Henry James）就说，"如果要我提名世界上最漂亮的角落，我会轻叹一声，指指通向三一学堂花园的路"。这里漂亮的不单单是优美的自然景物——学院建筑、休闲公园、草地、花园、桥梁和绿荫道，还有这所学堂的历史——捐资人贝特曼（William Bateman）主教、牧师、法学家、划船手以及其中世纪特征等。（批格尔，

2005)[82-85]自然环境与人文环境融合起来了，剑桥于是成为剑桥。

德国人认为学生是大学的，更是社会的，要"通过与城市文化和国家文明融为一体的大学校园来提高学生的人文素养和审美情趣，实现大学生从校园到社会的良性过渡"（李鹏飞，2010）。美国芝加哥大学被称为既有思想又有学派的圣地，已产生了53位诺贝尔奖得主、24位经济学奖得主，共有61位诺贝尔经济学奖获得者，几乎占了获奖人数的40%。原因何在？为了营造专心致志做学问的环境，学校把周边房产统统买下，使之与居住区隔开。在芝加哥大学附近没有商业街，没有酒吧、电影院，甚至没有快餐店。总之，凡是容易引起喧哗的场所，学校一律拒绝。（刘道玉，2010）

四是过去、现在与未来的关系。科学技术的不断发展在给社会带来极大活力的同时，也给社会造成了极大的破坏。身处其中的人如何才能消除影响人类社会生存状态的潜在危险，从而创造更加美好的前景呢？新技术的发展将人的社会责任推到了更加严峻和更加重要的地位。"社会责任的指向已经不像传统社会那样对过去负责，也不像工业文明、机械文明那样对现在负责，社会责任已经指向未来，人类必须要面向未来，对未来负责。"（唐凯麟，2010）面向未来就是对自己负责，对社会负责，而对未来负责又离不开过去和现在，三者相互依存，才能共创美好的明天。

人的意识有三个发展模式：一是从过去吸取教训；二是为现在创建一个新思维；三是预见未来。教育本身就是人的意识发展的结果，同时又促进人的意识的发展。从时间上来说，教育有两种基本形式，一是古典教育，一是现代教育。古典教育着重于过去的经典，现代教育着重于当下的生活。但不管哪种教育形式，都不是单一的指向或旨归，教育的经典、教育的当下性、人的自然天性的发展、人的自我完善以及社会的进步都是教育要兼顾的。

就大学教育而言，"大学不是要确保学生掌握这种或那种知识，而是要使学生在学习的过程中，确保记忆力受到锻炼，理解力得以提高，判断力得以纠正，道德情感得以升华，只有这样，才能获得为从事任何专业——它是出于自由的意愿和为了专业本身的理由，而不是为了糊口谋生所必需的技能、自由和能力"（赫钦斯，2001）[38-39]。"如果一味强调学生就业这个适切的对象，强调现时的参与服务，趋向于学生所希望的东西而不是有价值的东西，大学课程的合理性和所要承担的义务就会误入歧途，因为大学并不是暂时存在的，它的持久的适切性是与整个过去未来有关的。"（布鲁贝克，2002）[104] "学生学习后可能与第一份工作没太大关系，但作为知识背景，可能会对他未来 40 年甚至 50 年的事业有帮助。"（格兰特，2010）大学专业设置不应该完全以就业为导向或完全围着就业转，更不能因为某专业就业率不高而被轻视或取消。大学与职业的需求有关，更与知识的完整性有关。大学存在的意义就是为了促进和维护知识的完整性和统一性。对某一个专业领域或知识门类的研究或学习，是为了更加广泛而深刻地理解知识的真正意义。从这个角度而言，专业教育或满足学生的职业需求只是大学教育的表象，大学的唯一决定因素在于"高超的学术成就和非凡的智力水准"（雅斯贝尔斯，2007）[106]。在伦敦大学学院至今还有古希腊语、古拉丁语专业，这就是有力的证明。

《耶鲁 1828 年报告》着重强调思想的"方法"，以有助于学生"适应瞬息万变的形势，面对新的挑战和创造性解决问题的能力"（莱文，2010b），这种"方法"对今天抑或更远一段时期的美国甚至全世界的本科教育都产生着深远的影响。"布什 1946 年的报告所建立的国家扶持科研的系统和三个基本原则在今天仍然适用"（莱文，2010b）并取得了巨大的成功，其原因是"它使正在接受培训的年轻科学家，即使是那些将来不长期从事学术工作的研究生，能够接触到最领先的技术和研究领域；它使本科生有机会亲身体验科学研究的过程，而不是只在教科书上读过去十年科学领域的成就；它也意味着，能够获得资助的一定是最好的研究，而不是系里最资深或者最有政治背景的教授"（莱文，2010b）。

耶鲁报告和布什报告显示出一种借助昨天看今天，借助昨天、今天预见未来的意识和能力。而根据对未来的预见反观当下，则更具重要的意义。大学需要这种意识和能力，更重要的是要教会学生怎样具有较强的观察力、判断力、洞察力、反省力等。

另外，正确认识和处理教学与科研的关系、科学教育与人文教育的关系、学术组织与行政组织的关系、理论与实践的关系、精英文化与大众文化的关系也是建设"无缝校园"的重要内容。关于这几个方面的论述较多，这里不多加阐释。另外，课程教学目标、教学内容、教学方式内在一体化及其与整体人才培养目标一体化，即大学教学真正的"内涵建设"方面也很重要。

沃森（Thomas J. Watson）说："智慧是使我们为了自己和他人的利益而运用知识的力量。"（劳埃德，2006）"无缝校园"本身就是一种智慧之地，它有助于我们正确运用知识的力量，为自己也为他人。中国大学没有培养出一大批为人类文明做出很大贡献的优秀学生，除了受到教育水平的影响外，还缺少一个整合学生整体经验的"无缝校园"，以及一个让他们理解知识和展现自我的空间。事实上，中国大学在很大程度上只是作为学生成才甚至求职的跳板，而非智慧之地。

第六章　大学教育智慧之体现：科学、哲学、艺术与创造的融合

　　人类的历史充满了人的各种强烈的激情、冲动和理性。大学就是这种激情、冲动与理性相结合的高级产物。如第一章所述，大学教育是生命的高级活动，是人向上发展的需要，具有通向真理的力量。但当今的大学教育割裂了知识与追求生命热情之间相互联结的红线，问题不断，弊端多多，生命的原初力量被部分地遮蔽了。如果不回归生命本身，不恢复大学教育本身智慧的引领力量，不促进大学教育的自我实现，就绝不可能找到回返之路。

　　在卡西尔（2003）看来，"人不是生活在一个单纯的物理宇宙之中，而是生活在一个符号宇宙之中，语言、神话、艺术和宗教则是这个符号宇宙的各部分，它们是织成符号之网的不同丝线，是人类经验的交织之网"。同样，大学也不是一个单纯的物理存在，高深知识、科学、哲学、艺术，甚至是神话和宗教都是大学文化本身及其所创造的文化中的一种符号。就大学里的高深知识而言，它们促进了人类的先进文化，代表了人类成熟而先进的经验，这些高深知识或经验不具有价值的等级。在此，科学、哲学、艺术等在不同的平面上存在，却不彼此矛盾或相反，而是相互交融，相互促进。知识与科学的飞速发展给我们带来了人文精神的普遍失落，却又使我们认识到人文知识的重要；哲学往往使我们意识到

在知识的价值取向发生问题时要常常询问什么知识最有价值或哪些内容不能称之为知识；艺术给予我们更丰富、生动的形象，也使我们更深刻地洞见实在的知识或经验。艺术使人更自由。

大学教育是人追求自身发展的表现形式，是一个永无止境的过程，是一个为着理性、兴趣、好奇心的纯净境界，一直将创造知识、探索未知、追求真理作为自己的神圣使命，并着力于培养和塑造知识全面、品德高尚、素质优良的全面发展的学生。大学教育的发展历史就是一部科学史、哲学史，还是一部艺术史，更是一部科学、哲学、艺术交相融合并不断创造的历史。大学教育为科学、为真理、为艺术、为人的发展的无限性而生长着。

大学就是这样一个生长着的"生命有机体"。在这个过程中，促进生命的灵动、引领社会智慧是大学教育的最终目的和内在灵魂，这就是大学教育的存在价值与超越性需要，即大学教育的自我实现。

笔者认为，科学、哲学、艺术、创造的融合才是支撑大学教育之魂的大学教育之体，即大学教育智慧的体现。

本章包含的几个关键词有大学教育之体、科学、哲学、艺术、创造、融合等；涉及的关联词主要有科学团体、哲学价值、艺术境界、创造与保守、创造与自由、创造与超越等；关涉的问题主要有大学教育靠什么来促进生命的灵动，凭什么来引领社会智慧？大学教育在何种状况下才能实现自我？大学教育智慧的理想状态应该怎样？

第一节　科学、哲学与大学教育

科学有广义和狭义之分。"广义的科学包括了所有以推理和概念的方式获得的清楚理解。"（雅斯贝尔斯，2007）[34]而狭义的科学则以具体的事物为指向，是生活中所必需的。因而，科学既能解释人类的一般状况，又能为特殊的境况提供清晰的说明，但科学不能明示生活的目标、人生的价值甚至自身的方向。科学与哲学有着密切的关系，它们相伴相随。关于大学教育，随之而来的问题是：科学与大学教育有什么关系？哲学与大学教育又有什么关系？哲学与科学在现代大学教育中如何共生共荣？

一、大学是一个"科学团体"

如第五章所述，大学的特质主要体现在这两个方面：一是大学在社会生活中的地位，即大学与其他社会机构相比的优越性；二是大学在社会生活中的行为，即大学用什么来表达它的追求或目的。

"每一个较大规模的现代社会，无论它的政治、经济或宗教制度是什么类型的，都需要建立一个社会机构来传递深奥的知识，分析、批判现存的知识，并探索新的学问领域。"（布鲁贝克，2002）[13]大学就是这样一个社会机构。传递深奥的知识，分析、批判现存的知识，探索新的学问领域，既是大学的基本行为和追求，也决定了大学在社会生活中的地位。

不管是传递知识，还是创造新知识抑或用知识服务社会，大学必须以探索新知、追求真理为前提。大学教学与学术研究相辅相成，科学知识是大学教育的主要内容。大学教育须臾离不开科学知识。

"大学生与教师在大学同是'为科学而共处'"，都是在寂寞和悠闲中"不受社会种种利益的牵制，完全服从科学的内在要求，自由自在地进行科学的探索"（陈洪捷，2002）[34]。"求知欲或对科学的追求是人的天性，而科学活动有赖于交流与合作，由此而产生了科学的共同体，大学即是这些共同体的组成部分。"（陈洪捷，2002）[38]"唤起科学的观念，并循此观念进入其选定的知识领域，使其能够本能地用科学的目光看待一切知识；不是孤立地而是在相互的联系中探索具体的现象，不使之须臾脱离与知识整体和全体的关联；学会在思维中运用科学的基本法则，并进而养成独立研究、发现和阐述问题的能力。这便是大学的任务所在。"（陈洪捷，2002）[32]

科学属于知识范畴。对知识的追求是人的天性亦是大学的天性。"大学无非是一群从事科学者的精神生活，'有人独自专注沉思，有人与同辈数人相过从，还有人聚学生数名于周围'，其所求所愿无非是科学，并生活在科学之中。"（陈洪捷，2002）[32]求知的热情与意志化为追求科学知识的精神基础，于是科学成了鼓舞与激励大学人全部生活的基本诉求，并防止大学人陷入自欺的自喜之中。

曾昭抡即是其中一例。他把一生的精力都放在化学里，曾经站在沙滩红楼前，和电线杆子又说又笑地谈论化学上的新发现，让过往行人不胜骇然。他还自己出钱创办了《中国化学会会志》，亲自担任总编辑前后达20年之久。然而，这笔庞大的开支他从来没有向别人提起过。在生活上，这位名教授从来不修边幅，始终是一身斜襟的蓝布长衫，穿双布鞋，袜子底永远破个洞。西南联大、世界其他高水平大学里这样的人还有很多。

真正的大学是作为科学团体的大学。如前所述，牛津大学詹姆斯·马丁21世纪学院由15个研究学会（所）组成；伦敦大学学院不仅有141个研究机构和中心，一些新的研究机构也在最近成立；廷德尔气候变化研究中心总部设在英国的6所大学，并与其他6所大学相连。

上述几个例子和大学教育发展史说明，世界越是向前发展，大学水平越是高超，大学越应该作为"科学团体"而存在，并通过国际间或跨学科的研究和对话以可持续地应对世界的各种变化。

大学作为一个"科学团体"，与专门的科学研究机构或单位有本质不同。专门的科学研究机构的根本指向是科学与技术，而大学的根本指向是人才培养，即通过科学研究来丰富教学，在这个"科学团体"之中培养学生的科学意识、科学方法、科学精神和协作能力。

"近代世界与先前各世纪的区别，几乎每一点都能归源于科学。"（罗素，2009）[44]然而，尽管自然科学已经非常成功地为我们增加了知识，这对人类来说是非常有利的。但是，新的知识和技能增强了我们行动的力量，却没有智慧可言，在造福人类的同时也可能会造成人类等量的痛苦与困境。事实上，这个结果已经发生了，我们整个现代社会出现了一些全球性的问题，如知识爆炸、资讯铺天盖地、物质泛滥、感官迷醉、利益就是力量，思想变得虚无，成人唯功名利禄是图，青少年以生理感觉挂帅，等等。宛若一叶扁舟无助地漂浮在无边的大海上，人们丧失了方向：没有判断能力，分不清事物的好坏，行事全凭印象。所有这些问题的出现，都是现代科学缺乏智慧的结果。同样，大学人从世俗中学会了物质享乐，并沉湎其中，将物质的、感性的个体"自我"发展到了极致，从而导致现代大学校园里"唯科学是求"。教育的目的是培养顺从且遵守纪律的劳动者，忽视了学生之间的多样性和美妙异常的细微差别。大学教育更像工业制造而远离了根本意义上的"农业规律"。这表明，大学教育除了对科学的虔诚追求之外，还需哲学的引领才能更好地发展。

二、哲学与科学的关系

科学不是对世界的终极描述，科学是不断发展和进步的。我们以前以为地球是宇宙的中心，太阳围着地球转，后来发现地球绕着太阳转。再往后，我们又发现太阳也不是宇宙的中心，地球绕太阳转也不是做圆周运动而是椭圆运动。现在，科学证实，椭圆也不是精确的椭圆，它还有很多摄动。一直到 17 世纪，西方人都认为"自然厌恶真空"，自然界中的任何地方都有物质，自然界是没有真空的。后来法国著名的科学家帕斯卡做了一个实验，证明自然界存在真空。这个实验打破了古老的信条。我们的老祖宗曾经认为，世界是由金、木、水、火、土五行组成的，今天，构成世界的元素已有 106、107 种之多，将来怎么样还不知道。（何兆武，2009）元素周期表被发现时，当时所有人都认为，这是世界最基本的东西，后来发现原子核是最基本的东西，再后来又发现原子核里有电子，电子里又有粒子，粒子里还有胶子。胶子里还有什么呢？只是我们暂时不知道而已。"100 年前，最尖端的科学是光学、力学，现在被用在电视、无线电、航空航天工程上；20 世纪 30 年代，最尖端的科学是量子力学和原子物理，当时所有人都不理解它的用处，现在被用在 IT 上；20 世纪 40 年代，最尖端的科学是原子核物理，现在被用在核聚变上。"

（丁肇中，2015）宇宙中还有90%的看不见、摸不着的暗物质正在期待我们的发现。

科学与正确的关系也并不总是如人们想象的那么简单，科学技术有时并不能解决一切问题。比如计划经济，在物质贫乏的时代，我们让计划说了算，国家计算我们的全部需求，计算我们的全部供给，计算供给与需求之间的关系，大家既不剩余也不浪费。然而其结果并不尽如人意，大家仍然生活在贫穷、落后之中。我们已经习惯于认为科学能够解答我们的许多疑惑和问题，但是有些问题依然存在。

核武器加害于人类的惨烈现实，以及一大批科学家沦为纳粹帮凶的惨痛教训，使人们深悟没有灵魂的科学教育之危险。伴随大学的扩张和变革，大学精神的衰微越来越成为世界性的话题。如何使科学技术造福于人类而非造祸于人类，成为文明社会和大学教育亟待解决的共同话题。

没有科学，人类就不会有进步。但胡塞尔（1999）提醒我们，"所有科学都是不完善的，即使是那些备受颂扬的精确科学也是如此。它们一方面是不完备的，面对着众多未解答的问题的无限视域，这些问题使得认识的欲望永远无法得到安宁；另一方面，它们在已经构造出来的学说内容中带有某些缺陷，在这里或那里会表露出在证明的系统秩序和理论方面的不清晰和不完善"。"在所有前提里面，科学最需要的其实是一种方向感（a sense of direction）。科学是如此需要引导，这点却经常被人们忘记。""这种指引从何而来，它对科学施加了些什么影响，这对于科学的自我认识是至关重要的。"（雅斯贝尔斯，2007）[44]

用什么来指引呢？雅斯贝尔斯（2007）认为，"指引必须来自内部，来自所有科学的最根本之处——来自求知的绝对意志"。何为"求知的绝对意志"呢？其实质就是一种由对知识的渴求所唤起的高度理性，即"严格的科学"或科学的科学——哲学。美国物理学家伽莫夫（George Gamow）70多年前提出的"宇宙大爆炸"理论，不仅解释了宇宙为什么膨胀，而且解释了化学元素的起源，这个曾经被嘲讽的理论正在不断被丰富和发展。目前，对它怀疑的目光，主要来自哲学。（张开逊，2015）[15]

这种怀疑，也是指引。离开了哲学的指引，"科学既不真实也无生命"（雅斯贝尔斯，2007）[44]。这如何理解抑或如何可能呢？

胡塞尔（2002）认为，"每一个追求着的人都必然是在原初词义上的'哲学家'"。他说："用思维的方式去把握一个伟大的哲学人格中活着的、内在最丰富的、但自身仍然含混的、未被理解的智慧，这种把握开启了逻辑加工的可能性；在较高的文化层面上则开启了在严格科学中展开的逻辑方法学。"

在康德看来，为所有其他的知识门类提供价值依据是哲学的绝对价值所在，也是哲学的尊严所在。而罗素则将哲学视为"心灵的食粮"，他（2008）说："即使人人都是经济充裕的，即使贫困和疾病已经减少到不能再小的程度，为了创造一个有价值的社会，还是会有很多事情要做的；即使是在目前的社会之中，心灵所需要的东西至少也是和肉体所需要的东西同样重要。只有在心灵的食粮中才能够找到哲学的价值；也只有不漠视心灵食粮的人，才相信研究哲学并不是白白浪费时间。"

科学的思维是对象性的思维，是对世界中特定事物、领域的认识，进而形成特定的、专门的确定性的知识。哲学不是知识，而是思想、观念，是对科学往往忽略的前提性的东西进行全面而深入的思考，以达到对事物本质性的认识。科学所得知识的确定性容易对人产生一种无形的"强制力"，哲学的多元方法则导致了世界认知的多样性。科学作为一种实证性的知识，有正误之分，无好坏之别。哲学无所谓正误之分，而有好坏之别。科学追求的目标是确定的和切近的，哲学追求的目标是不确定的、至极的。科学精神追求真实和真理，哲学体现人文精神，追求价值和美好。科学提供知识，哲学提供问题，这是哲学区别于科学的基本特征。

哲学一方面像科学一样属于理论思维，因而从根本上总是诉诸理性；另一方面它又像宗教一样起源于人类的终极关怀，追求永恒无限的智慧境界，是科学抑或我们现有的认识能力有时难以企及的问题。哲学将人的自我理解，以及最终大写的"存在"召唤入问题之中，并视之为最值得发问者。哲学作为一种非常独特的根本性思维，它不同于仅仅实用性的、计算性的认知方式。海德格尔（Martin Heidegger，1919）认为哲学是一种原初的认知方式，是一种"原初科学"，很不同于人们心目中的科学与知识。

任何一门科学，只要关于它的知识可能确定，这门科学便不再被称为哲学，而变成为一门独立的科学了。科学在其产生的最初时期是与哲学融合在一起的，近代以来才与哲学分立门户。关于天体的全部研究现在属于天文学，但是过去曾包含在哲学之内；牛顿有一本伟大的著作就叫作《自然哲学之数学原理》。同样，研究人类心理的学问，直到晚近为止还是哲学的一部分，但是现在已经脱离哲学而变成心理学。因此，哲学的不确定性在很大程度上不但是真实的，而且还是明显的：有了确定答案的问题，都已经放到各种科学里面去了；而现在还提不出确定答案的问题，便仍构成为哲学这门学问的残存部分。（罗素，2008）

由信息、科学、知识、哲学再到智慧，这是人类自我演进的大致过程。科学介于信息与知识之间，创造并增加知识；哲学介于知识与智慧之间，反思并引领科学、知识。

科学与哲学不一致，但科学与哲学是可以互相帮助的。"因为科学家往往需要新观念，哲学家通过研究科学结论而得的各种意义而受到启发。"（怀特海，2004）[150]

哲学让我们对熟悉的事物感到陌生，它并不是提供新的信息，而是引导我们用新的方式看待这些事物。哲学对科学的影响非常大。许多科学观点都是以一种哲学的推测和猜想开始的，一些科学就源于哲学。如黑格尔曾经以辩证法为武器最先提出了十分类似于波粒二象性（wave-particle duality）的猜想，一百多年后，波粒二象性才被物理、数学和实验科学所证实。

欧洲哲学唤醒了近代科学，创造了近代物质文明的昌盛。从柏拉图和亚里士多德两位先哲开始，欧洲哲学就以自身的方式寻求不变的本质和不变的经验，以便为科学知识提供一个可靠的基础。如胡塞尔将欧几里得几何学看作是迈向欧洲文明的一次伟大革命，伽利略力图将自然数学化。这些都说明，科学与哲学是不分家的。

19 世纪末，电子的发现、X 射线的发现和放射性元素的发现使人们了解到，原来在我们司空见惯的宏观世界之外还存在一个微妙得不可思议的微观世界。日渐展开的微观世界改变了人们惯常的思维方式和思维习惯，使人们重新反思我们自己以及与世界的关系。科学的进步带来了哲学的繁荣。

近代欧洲高扬主体性哲学，其一大成果便是导致了西方科技的发展与物质文明的昌盛。反过来，科技的发展与物质文明的昌盛又导致了人的价值的迷失和精神家园的失落。精神的失落必然又会促进哲学的发展，因为哲学总是以否定的方式完成自身的救赎。科学与哲学相互促进。

总之，科学整体离哲学很近，哲学引领科学，科学的进步又带来了哲学的繁荣，科学与哲学相互促进。笛卡尔不单是 17 世纪科学的一个创造者，还可以称得上是近代哲学的始祖。汤川秀树是第一个获得诺贝尔物理学奖的日本人，他给战败后消沉的日本民族带来了信心，但汤川获奖的背后原因却值得深思。汤川秀树和以西田几多郎为中心的哲学家们有着密切的联系，汤川在学生时代一次不缺地去文学部听西田的哲学概论课。（黄仁忠，2010）哲学与物理原来是一家，后来才分家，在近代大学里二者的距离又被拉近了。

三、哲学对于大学教育的意义

"哲学的根本特点便是批判"，"可以减少错误的危险"（罗素，2008）。"哲学所追求的是可以提供一套科学统一体系的知识，和由于批判我们的成见、偏见和信仰的基础而得来的知识。"（罗素，2008）"哲学的历史目的在于成为所有科学中最高的和最严格的科学，它代表了人类对纯粹而绝对的认识之不懈追求。"（胡塞尔，1992）[2]

哲学似乎不能直接帮助人类达到某种现实功效，但作为提供普遍知识、理念和方法的科学，哲学却能装备人的头脑，增强人的力量，体现着人类精神生活的自我价值。

1958年3月的成都中央工作会议上，毛泽东同志说："我们中央工作会议，不要一开会就说汇报，就说粮食产量怎么样，要务点虚，要务虚和务实结合，我们可以解决钢铁的问题、煤的问题，同时我们也要拿一点时间来谈谈哲学，谈谈文学，为什么不行呢?"（陈晋，2009）会议是要解决具体问题的，但若思想解放一些，思路更开阔一些，就能更好地解决更多的问题，而这离不开哲学的思维和哲学的头脑。

具有哲学色彩的人常常不受缚于他那个时代或民族的种种习见和由未经深思熟虑而滋长的自信等所形成的偏见。巴斯噶（Pascal）16岁时就写了一篇论圆锥曲线的论文，开拓了几何学思想的一个新领域。但巴斯噶不仅仅是个大几何学家，而且还是个哲学家。他作为哲学家，不只是沉思各种几何学难题，而且对几何学的真正用处、范围及其极限进行了探索与理解。这使他做出了"几何学精神"与"微妙精神"之间的根本区别，并与当时仍在流行的笛卡尔的精神和哲学相区别。（卡西尔，2004）[16]

其实，教育与哲学是天然相伴相随的。"哲学甚至可以解释为教育的一般理念"（杜威，2001）[347]，教育不仅需要哲学，而且还能自己生长哲学。"欧洲的哲学是在教育问题的直接压力下产生的。"（杜威，2001）[348-349]"无论是苏格拉底、柏拉图，还是亚里士多德，他们都是在兴办教育中思考辩证法、检验辩证法、传播辩证法的。辩证法在中世纪以来的传播和发展仍然是与教育相伴相随的。"（张楚廷，2009）

对于大学是什么、大学做什么的问题，康德回答说："大学是学术共同体，它的品格是独立追求真理和学术自由。"（刘道玉，2010）康德是回答大学是什么的近现代哲学家中的第一人，这个回答也是最彻底、最接近大学本质的。教育问题总能催生哲学性的思考，可以说，教育是生长哲学的沃土。而教育哲学就演变成为教育活动的一种自然提升，既帮助人们找到教育的目标和意义，又使教育保持自己的洒脱和超然。

科学与大学教育关系密切，正如洪堡所言，"大学应视科学为一尚未完全解答的问题，因而始终处于探索之中"（克拉克，2001b）。同样，哲学与大学教育的关系也十分密切。施莱尔马赫（Friedrich Schleiermacher）认为，"科学是一个整体，科学活动可以深入到某一问题或方面，但科学的真义在于从科学整体的角度探讨具体问题，或把具体问题引向普遍的原则，引向科学的整体"（陈洪捷，2002）[43]。在施莱尔马赫与洪堡看来，真正的科学或者纯科学的实质便是哲学，哲学是"科学诸学科的升华和纯粹形式"（陈洪捷，2002）[29]。"纯科学"也即胡塞尔所说的"严格的科学"。费希特认为哲学是科学的基础和归宿，科学运用理智的关键是哲学的学习，任何一个学科的大师首先都必须是哲学大师。

"如果说大学是社会的头脑，哲学则是大学的头脑。"（张楚廷，2006）如在重纯粹理性知识和思辨的德意志古典哲学的哲学家们和致力于大学创建的实践家们的推动下，德国古典大学日益繁荣，在大学发展史上甚至是整个人类发展史上产生了重大影响。不管是在学理层次还是在实践层次，学术自由的理念在德国古典大学中都达到了一个高峰，而与其相应的哲学基础——德意志古典哲学也到达了西方传统哲学的顶端。哲学促进了大学发展，大学又促进了哲学发展。

从 18 世纪到 19 世纪，世界的经济中心移向德国的重要原因是德国科学的发达，涌现了一批世界领袖级的科学家。为何集中出现这么多的科学家？是因为德国出现了世界上最好的大学群，有最好的哲学和哲学家。如慕尼黑大学（LMU）培养了伽达默尔，海德堡大学培养了雅斯贝尔斯，图宾根大学（Universität Tübingen）培养了黑格尔，艾尔兰根大学（University of Erlangen）培养了费尔巴哈（Ludwig Andreas Feuerbach），柏林大学培养了胡塞尔（Edmund Husserl），柯尼斯堡大学培养了康德，莱比锡大学培养了莱布尼兹，波恩大学（Universität Bonn）培养了尼采（Friedrich Wilhelm Nietzsche），哥廷根大学培养了叔本华（ArthurSchopen-hauer），耶拿大学（Universität Jena）培养了马克思，等等。（张楚廷，2006）

德国之后的世界高等教育中心——美国，也是哲学的繁茂之地。那里的一大批教育家又是哲学家，而且西方的理想主义教育、现实主义教育、自然主义教育、自由主义教育等主要教育哲学思想或教育流派大部分都能在美国找到源头或用武之地。

1921 年 11 月 29 日，加州理工学院（California Institute of Technology）董事会把学院政策定为追求最重要的科学研究，同时加强纯科学的教育。美国大学领导的远见卓识及将科学与哲学结合起来的眼光，被加州理工学院后来的发展所证明。

罗素认为，要了解一个时代或者民族，必须首先了解它的哲学。这句话同样适用于大学教育。每一个伟大的文明背后都有伟大的哲学存在，每一次高等教育中心的转移都是一次哲学的革命。哲学是一切文化的核心，是民族精神生命力的体现，是文明成熟的标志。没有哲学的民族是注定不会有远大前途的，没有哲学的大学教育同样也是没有前途的。

清末管学大臣张百熙认为，哲学会令人好高骛远，想入非非，不切实际。同为管学大臣的张之洞也认为，自由、民权等各种异端邪说皆由哲学而来。二人因此坚决反对在大学开设哲学科。中国大学发展的状况也许正与中国大学不重视哲学有关。中国近代大学的亮点是蔡元培的北京大学时期、梅贻琦的清华大学时期，它们代表了中国近代大学的最高水平，其主要原因也在于那里生长着中国的哲学家和哲学。

20 世纪是人类历史上科学技术空前发展和灿烂辉煌的时期，一大批交叉学科、边缘学科蓬勃兴起，现代科学技术愈分愈细，门类繁多，加之信息技术革命的发展，人们对世界认识的范围日益广阔，层次更为深入。与此同时，大学各学科相互渗透、相互结合的整体化趋势也愈益增强。自然科学的自然辩证法、社会科学的历史唯物论、数学科学的数学哲学、系统科学的系统论、人体科学的天人观、教育科学的人学等科学与哲学的结合就是这种趋势发展的必然结果。

张楚廷先生（2007）认为，想要拥有智慧的大学一定会靠近哲学，拥抱哲学；拥有智慧的大学必定会走向哲学。事实证明，自从近代大学不断发展起来，科学与哲学就有了它们共同的理想栖憩之地，有了它们共生共盛共荣的最好家园。

大学教育是生命的高级活动，优秀的大学是能够达到哲学状态并能将科学与哲学融二为一的。然而，正如张楚廷先生（2008）所说，"中国目前的高等教育最危险的地方就在急功近利"，只讲实用，忽略理论，特别是纯理论。在世人眼里，中国的大学到处都是学生人数、校园面积、资产数量、教师职称、论文数量，而坚持坐冷板凳的人已经很少了。中国的大学教育已经很难耐得住寂寞了。急功近利就会远离哲学，从而妨碍大学对科学的追求，大学教育离智慧自然也就越来越远了。

第二节 科学、哲学、艺术与大学教育

科学有科学精神，哲学属人文精神，二者的融合通向艺术。科学、哲学与艺术其实都无一例外地追寻着世界一切事物的同一终极目标，都能够联结过去、现在与未来，共同指向人类社会的福祉。大学教育能更好地理解和融合这一切。

有研究者指出，如果离开了科学，教育者走进大学，就会像走进一个陌生的星球一样，惊慌失措，一筹莫展。教育的历史告诉我们，智慧是科学和艺术的产儿。对于这一道理，大学能更好地理解。离开了科学和艺术中的任何一个，大学教育智慧都无法产生。如果离开了艺术，本于科学的教育行为在人眼里就会生涩，就会缺乏生命的感觉，不会闪耀出教育智慧的光芒。（卢红 等，2001）因为"教师的'产品'（学生）本身参与生产过程并最后自己决定自己"（张楚廷，2009）。

大学是一个"科学团体"，产生新知识，传播新知识，"科学团体"靠近哲学，哲学为"科学团体"提供认识论和方法论意义的上位指引；大学教育活动靠近艺术，艺术为大学教育提供丰富的想象力和空灵的思维方式。哲学就像一个钟摆，在科学与艺术之间来回摆动。哲学因亲近科学而亲近大学教育，哲学因热爱艺术而使大学教育变得可爱。没有科

学和艺术，大学教育是空洞的；没有哲学，大学教育是盲目的。没有科学、哲学和艺术的融合，大学教育谈不上智慧。

一、科学、哲学与艺术三者之间的关系

费希特认为各个学科的精神都是狭隘和不全面的，要掌握运用某一学科的艺术，则有必要先认识一般精神活动的种类方式，而唯有借助于哲学才能够理解所有的精神活动。大学的学习，也就是学习和培养运用科学的艺术。（陈洪捷，2002）[48]

科学和艺术是宇宙和人类源远流长的共生活动。阴阳的变化、树叶的形状、人体的构造、文字的发明、数字的运用、音乐的传唱、电报的普及等都是科学与艺术的共生共通。在舞蹈、音乐、绘画、戏剧、影视中，艺术与科学密不可分，甚至处于同一个载体中。艺术是人的知识、情感、理想、意念综合心理活动的特殊产物，凡是将人的情感和想象表述到了极致的富有诗意的活动，都具有艺术的禀赋，关注运用规律解决人类实际问题的方法。艺术则借助人类的感性反映世界，关注人的精神需求，关注心灵对美与和谐的向往。科学更多的是"发现"，艺术更多的是"创造"。

大自然最初是最美的。艺术和科学最初是同一个出发点，只是当我们越走越远的时候，才把它们分开。历史上，艺术与科学互相丰富，相互启迪。"4500年前，苏美尔人创造了美丽的五角星图案，并将其用在楔形文字中。2000年后，古希腊学者对五角星情有独钟，发明了用圆规、直尺制作正五边形的方法，使五角星成为可以复制的规范几何图形。通过对五角星的研究，科学家发现了著名的'黄金分割'法则，揭示了美的数学规律，架起艺术通向科学的第一座桥梁。通过这项研究，数学家发现了一种描述物质运动变化规律的几何曲线——对数螺线，为古典数学走向现代，奠定了重要的知识基础。"（张开逊，2015）

科学需要逻辑与实证，艺术需要想象与自由。艺术与科学是人类两种共存的精神活动。伟大的科学家往往是伟大的艺术家，伟大的艺术家

往往在科学上无师自通。达·芬奇（Leonardo da Vinci）是广为人知的艺术家，然而他更是伟大的科学家和发明家。达·芬奇"发明了人类最早的旋翼直升机和扑翼飞机，发明了最早的自行车、坦克和运河挖掘机，设计了许多大型公共建筑和防御工事，设计了强力弩炮和巨型起重机，还发明了可以克服发条弹力减弱影响钟表走时精度的自补偿系统。通过人体解剖，他透彻地研究了人体结构，发现了人体美的数学规律。他最早对化石成因提出科学的解释，还以科学的观念分析听觉与视觉机理"（张开逊，2015）。达·芬奇其人其事表明了艺术与科学之间的联系，远比人们现在所知的更复杂、更紧密。

艺术催生科学，科学借助艺术。然而自近代科学诞生之后，科学与艺术渐行渐远，唯有哲学能将二者融会贯通。艺术是哲学的宠儿，哲学将其全部素质都淋漓尽致地赋予这个宠儿的身上，它在哲学家总揽全局的天才空想中获得表达创造的巨大空间。哲学是把漫无边际的知识冲动进行控制的表示，科学是一种被正确的哲学控制下的符合理性规律的演绎，是对事物深刻揭示的结果，科学的结果往往是唯一的，具有严密性和排他性，即真理性。哲学对知识冲动的控制，对科学的引导，其本身就是导向一种艺术。

尼采把艺术看作是"强力意志"的最高表现，赋予艺术开启一切上升高度的价值。因此，艺术比真理更宝贵、更重要，"我们有艺术，我们才不至于毁灭真理"，"艺术是生命的最高使命，是生命本来的形而上活动"。尼采将艺术与存在之本质、生命之意义、人类之未来等重大问题联系在一起，赋予艺术无以复加的价值。在尼采那里，由于传统理性的衰落和非理性的兴起，艺术不再隶属于哲学，而成了启发哲学，指引哲学的母体，从而艺术达到了至高无上的位置。谢林（Friedrich Wilhelm Joseph von Schelling）则把艺术看作是哲学的完成，他说："在自然界，在道德界，在历史界，我们都还仍然只是处在哲学智慧圣殿的入口。在艺术中我们才真正进入了圣殿本身。"（卡西尔，2004）[216]

尽管哲学通向艺术，但哲学与艺术一直被认为是最具亲缘关系的一对。人们习惯于将这一亲缘关系归因于二者共同指向的形而上意味，即超越日常经验之上的抽象实在与普遍性的探索旨趣。

由于哲学是艺术的根本思维基础，艺术较之哲学具有更广阔的表现手段和方式，所以，哲学意识决定了艺术的发展方向和审美趣味，而艺术形式反过来又影响着哲学的发展。因此，哲学与艺术并不是历史长河中两条孤立的支流，二者相互交融，相互辉映，反映了人类思维发展的漫长历程。从古代、近代直至现代，哲学与艺术都在不停地探索与更新。面对纷繁的世界，二者从不同角度诠释着对世界的理解，又有着必然的、共同的主线。从广义角度而言，二者是同一主题的不同表达方式，是两片不同的空间，两条不同的河流，但又交汇交融，彼此牵着手不停息地向前奔腾，顽强不懈地追求着各自的梦想。

艺术在创造宗教和神话的同时给科学以巨大的启示。艺术一旦变为宗教和神话，则表现为哲学的贫困和万物的僵持与惰怠，人生的价值陷入一种无休止的、不着边际的宿命遁回之中。科学的步伐一旦被人为地用宗教和神权思想所扼杀和摧残，哲学和艺术又会破土而出展现繁荣。

总之，科学与哲学催生艺术，艺术又反作用于科学和哲学，同时，科学也影响哲学与艺术的发展，三者相辅相成。现代大学教育需要将这三者融为一体。

二、大学教育本身就是一种艺术

康德于 1740 年进入柯尼斯堡大学，从 1746 年起任家庭教师 9 年，1755 年凭借《自然通史和天体论》获得硕士学位，三个月后获得大学私人助教资格，开始教授哲学。康德的课很受欢迎，愿意听他课的学生很多。在此期间，康德声望日隆，除讲授物理学和数学外，还讲授逻辑学、形而上学、道德哲学、火器和筑城学、自然地理等。康德还经常发表著作，论题包罗万象，从自然科学、美学、神学甚至到巫术。1770 年，康德在 46 岁时终于获得了柯尼斯堡大学逻辑学与形而上学教授一职。当上教授以后，康德沉寂十年没有发表一篇文章，而是潜心研究他的批判哲学。1781 年，他发表了《纯粹理性批判》，仅凭这一部著作，康德就奠定了他在哲学史上的不朽地位。在人与环境交相辉映的大学校园里，在康德身上，体现了科学、哲学与艺术的共生共荣。

智慧在实践中总表现为行为的灵巧、机敏并富有节奏和旋律，而这一切都依赖于人的艺术感觉和修养。可以发现，教育智慧是无法离开科学和艺术的。一个教育者要想拥有教育智慧，除了实践的磨炼外，关于教育和人的科学知识，良好的艺术感觉和修养是必须具备的。（卢红 等，2001）因为"教师的工作是艺术性的"（张楚廷，2009）。这仅是从教学智慧的角度而言的。

培养"真正智慧"的学生需要"真正智慧"的教师，优秀的教师体现大学教育的智慧。

苏格拉底的学生虽然来自不同的社会阶层、不同的种族、不同的地域，但他运用他所创立的"知识助产术"启发、引导学生，促使学生积极思考，努力探索，培养出了柏拉图等许多人才。

施莱尔马赫作为一名出色的学者和教师，不但学识渊博，而且精通讲授之道、教学之法，所开课程遍及整个神学领域，还包括伦理学、辩证法、阐释学及心理学、教育学、政治理论等，其课程均受学生欢迎。

教师的语言不是工具，不是抽象的思想，而是诗性氤氲、血气贯通的生命体，凝结着对生命价值的自我珍重和对人类生存状态的热忱关怀。专业领域里取得的成就、生命的追求和信仰与传授之道结合在一起，这就是艺术。而教师的情感则是教师手中无坚不摧的利器，是艺术中的艺术。

费希特认为教师必须掌握科学，具备运用理性的艺术，并有运用这种艺术的明确意识，更重要的是教师必须具有培养运用理性的人的艺术。（陈洪捷，2002）[48]

钱学森集科学、艺术、哲学于一身，并将三者融会贯通，用科学之精神、艺术之性情和哲学之思辨描绘了他特色鲜明、内涵丰富、多姿多彩的人生世界。科学世界、艺术世界和哲学世界的相互融合和共同作用，也是钱学森成为世界著名科学大师的奥秘。

洪堡认为，"大学兼有双重任务，一是对科学的探求，二是个性与道德的修养"（陈洪捷，2002）。修养是一种道德与人格的境界，是个性全面发展的结果，是人的基本素质，所有的艺术与创造都离不开修养的积累。大学唯科学是重，其中重要的一个方面当然包括对待科学的科学态度与精神。个性的修养加上科学的精神，可以确保大学的教师与学生始终处于探索的状态之中，这是大学艺术繁荣并不断创新的前提与必然结果，反过来又会大大促进大学的科学与哲学发展。

在大学里，每一个学生都是独一无二的，学生的经历、知识、人格、原创性和想象力等合在一起就像一件艺术品。如何对待每一个学生没有适用的最优的方案，也需要大学的原创性和想象力，需要大学处理好与培养学生相关的所有细节，这本身就是艺术。因此，大学教师的教学是艺术，人与环境的交相辉映是艺术，科学探索与个性道德修养的共舞更是艺术。除了这些，人文教育与科学教育的结合、专业学院与大学的结合、教学与科研的结合、学术权力与行政权力的结合、学问共同体的完整程度、大学的保守与超越等都需要艺术。优质的大学教育处处体现艺术。而今，艺术教育甚至已成为大学教育的重要部分。

科学与哲学的共生共荣本身就是艺术，同时也会产生新的艺术。艺术的极致就是真、善、美的完美结合，这一点还可以从一些大学的校训中得到证明。如密歇根大学的校训是"艺术、科学与真理"；麦克马斯特大学（McMaster University）的校训为"和谐如一"。

如第二章所述，大学教育的基本特质和生命力在于大学教育联通了知识与追求生命的热情，而这正是大学教育独特的艺术，也是大学教育至高无上的艺术。正如歌德所言："当它出于内在的、单一的、个别的、独立的情感，对一切异于它的东西全然不管、甚至不知，而向周围的事物起作用时，那么这种艺术不管是粗鄙的蛮性的产物，抑或是文明的感性的产物，它都是完整的、活的。"（卡西尔，2004）[195]一心一意求知，人格独立，自由探索，生命、科学、哲学和谐共存，当这些交相辉映之时，大学教育自然就是艺术的、灵动的。大学教育本应如此，也只有这样的大学教育才能寻觅到理想的彼岸，才能引导人类社会永不停步地迈向新的文明。

第三节　大学教育在创造中体现智慧

科学探寻自然规律，哲学反映思辨观念，艺术感受世界美妙，其间存在良好的互补、依存、互动关系。大学通过探求更先进的科学、更深邃的哲学、更丰富的艺术，引导人类社会走向健康和谐。科学、哲学、艺术融合的共同基础是大学人的创造力，其共同的目的是促进大学教育的创新发展。"科学、哲学、艺术形如一个三棱锥塔的三个面，随着人类认识高度的不断上升，真、善、美将越来越接近，并在最高点达到理想的统一。"（陈广仁 等，2010）就大学教育而言，这个最高点就是大学的创造。大学教育也只有在创造中才能繁荣。

一、只有创造，才能保守

大学教育天然就具有保守性，它既要传播人类的科学文化，又要坚守传统的智性和德性，随时守护我们的精神家园。它不断地满足人和社会的需要，但又随时拒绝一切有违大学良心的或时髦的内容。大学教育的这种保守从何而来？只有创造，才能保守。

何谓创造？创造是人类永不停歇的原动力。想出新方法，建立新理论，做出新的成绩，造出新的东西，如此等等，都是创造的结果。创造是一种意识的自主行为，是典型的探索性劳动。创造包含创新，又不仅仅是创新。

影响创造的因素有很多，其中最基础的因素不外乎知识以及对事物不寻常的独特见解。而对于本身由人创造出来的大学来说，凡有特色且能持久的大学，都是善于创新的。创新是在长期劳动基础上的重要的阶段性成果，善于创新是大学精神的灵魂。要想在教育理念、办学思想、培养方式、教学管理等方面塑造自我，具有个性，没有创新是不行的。哈佛大学以师资雄厚，有将近 40 名教授获诺贝尔奖而著称，哈佛的学生也以学术卓越、全面发展、自信能干而闻名；耶鲁以教授治校、思想开放、人文一流、盛产总统而骄傲；普林斯顿大学以重质量、重研究、重理论，并培养出 38 位诺贝尔奖得主而享誉世界。哥伦比亚大学（Columbia University）既是一所大学校，也是一家大企业，竟然也培养出 34 位诺贝尔奖得主。年轻的斯坦福大学以强烈的进取精神，提出不因袭任何传统，沿着自己的路标向前，以"学术顶尖"的构想建设大学，从而成为"硅谷（Silicon Valley）"的强大后盾。事实证明，大学只有强烈进取、不循传统，如此才能创新，才能持久。

张楚廷先生（2007）说："大学的本性是创造，创造自由，创造理想，而且，又正是自由和理想引导创造。"日本近代大学的发轫者东京大学（The University of Tokyo）（当时也叫帝国大学）与政治关系密切，是政府的思想库。1897 年京都大学（Kyoto University）成立，首任校长木下广次提出：大学的核心是自由的学术研究与重视学生主体性。京都大学设立的宗旨与东京大学不同，并与之形成竞争。很快，京都大学就成为世界知名大学，涌现了一大批人才和成果。文科方面，涌现了一批哲学家，以其创新性的研究而被誉为"京都学派"，代表了日本近代哲学的最高成就；理工科方面，则拥有两名诺贝尔物理学奖得主。（黄仁忠，2010）京都大学为什么能成为世界知名大学？这与京都大学求异的志向和办学理念以及建校模式的创造性等有很大关系。

人是靠理性走到今天的。"康德说教育是让人'尽早地使自己受理性的指挥'。"（张楚廷，2009）理性是充分重视传统的，但是更倾向于以发展的眼光看一切传统。教育不仅是着眼于脚下的土地，更重要的是要仰望天空，面向未来，超越现实。我们常感叹 30 多年来我国为什么出不了学术大师，原因是多样的，但有一个最根本的问题是我们还没有形成面向未来的真正的自由保障体系来保障学问的自由和发展理论的兴趣。"近代以来的重大发现和重大理论原创为何未能降临在神州大地？理论兴趣的微弱以及对此轻视理论的'理论'的存在，无疑是巨大障碍之一。""学校最优先的使命是让这些理论得以有效传承并使之蓬勃发展，不断创立新的理论。"（张楚廷，2009）没有创新的兴趣、来源和传统，何来创造性的成果？

如纽曼（2001）所言："一种教育的目的是哲学性的，而另一种目的则是机械性的。"近年来我国高校规模依靠借贷及学生学费迅速扩张，其背后的目的离哲学性恐怕相距遥远。钱固然重要，但不是唯一的。国家每年向一些部属大学倾斜的教育资源并不少，为什么仍旧没有出现世界一流大学？因为世界一流大学不是用钱垒砌的。这是中国大学缺乏哲学与艺术进而缺乏创造的具体体现。

中国大学的创新成果也很少，无论是创造发明还是发现，与一个大国的人数、大学数量都是不成比例的。为什么？雅斯贝尔斯（2007）认为："任何一个真正意义上的大学，都要包含三个相互之间密不可分的方面：学问传授、科学与学术研究，还有创造性的文化生活。""从长远来看，倘若将其中任何一种活动与另外两种割裂开来，那它必然会凋零萎缩。"斯坦福大学的第八任校长肯尼迪（Donald Kennedy，2002）指出，大学就是要"允许具有非同寻常创造性的人享有非同寻常创造性的生活"。斯坦福大学这种"创造性的文化生活"营造了宽松自由的学术环境，反过来又促进了学问传授、科学与学术研究，三者相辅相成。这就是斯坦福大学被誉为"西岸的哈佛"的原因所在。而我们恰恰缺乏这种"创造性的文化生活"，甚至连学问传授、科学与学术研究也不能很好地融合在一起。

创造是大学兴旺发达的不竭动力，也是大学教育永葆生机的源泉。没有创造，就没有世界一流大学；没有创造，大学就会凋零，更不能持久；没有创造，大学就无法守护自己的精神家园。

二、大学创造与超越精神

创造需要经验的积累，也需要学习，因而，创造也是有传统的。传统不一定都是创造性的，但创造性的精神必定不会缺乏，其标新立异的勇气和在具体经验教训中增长的见识则具有超越性。

卡西尔（2004）认为，人能发明、运用各种"符号"，创造出自己需要的"理想世界"，而动物却只能按照物理世界给予的各种"信号"行事，因而始终不知何为"理想"、何为"可能"。人的生活世界的根本特征就在于，他总是生活在"理想"的世界，总是向着"可能性"行进，而不像动物那样只能被动地接受直接给予的"事实"，从而永远不能超越"现实性"的规定。

1919 年 1 月，黑塞（Volker Michels）在他的政治传单《查拉图斯特拉的回归——一个德国人致德国青年的一封信》中向青年一代大声疾呼："世界不是为了被改善而存在的，你们也不是为了被改善而生存的。你们生存，是为了成为你们自己，成为你自己，世界就会变得富足和美好！""成为你自己"是摆脱个人苦恼，对自身精神发展所提出的更高的要求，是个人命运、人性发展的永恒主题，是对人格、对个体的一种捍卫。这注定了大学人要走的不是多数人的道路，而是要走自己的路，不随波逐流，不仰人鼻息，而是在自己的灵魂中反映自然和世界，在崭新的图景里体验它们并追逐自己内在的不可摧毁的自我。因此，大学教育的重要任务是找到"永恒的自我"。这个崇高的、神圣的"自我"不是单独存在于物质世界中的"大学人"生命个体，而是我们大学人群体在非我和超我中所占据的那一部分，即超越个体的感性的"自我"。大学教育寻求永恒"自我"的道路在哪里呢？在空灵里的安宁中，在忘我的思维中，在自由自觉的创造中。

超越是人的自我实现的追求活动，而人的自我实现的追求不是对现实的实用性目的的追逐，而是对新的意义世界（人的理想世界）的构建与无限向往。超越"现实性"是人类的本性之一，同样也是教育特别是大学教育的本性。本性是通过生命活动表现出来的，"生命活动的性质包含着一个物种的全部特性、它的类的特性，而自由自觉的活动恰恰就是人的类的特性"（马克思，恩格斯，1982）[92]。

大学教育的理想世界作为人类向往的新的意义世界不可能会自然而然地形成，必须通过大学人的创造性活动，而大学教育的创造性活动就来自科学、哲学、艺术、创新的完美结合。同时，大学教育理想世界的构建实质上是以新的存在方式否定旧的存在方式，是对大学教育现存世界或问题开展的一种整体性批判，这又需要大学人具有超越现实的欲望和冲动，而在构建理想世界的活动中又会引发大学人推动现实的欲望和冲动，从而，理想世界的构建以创造未来的方式具有批判的现实性，并具有良性的互动与循环。

超越体现自觉。超越不是模仿，首先意味着摆脱，摆脱一切羁绊的束缚，摆脱条条框框的限制，体现出一种创造的力量，创造出一个新境界。在这个意义上，超越意味着创造，超越引导创造，超越就是创造。

丰富的想象力也是一种超越。美国威尔逊天文台的第一任台长海勒（George Ellery Hale）博士在 1907 年写道："我们不要忘记，最伟大的工程师并不是仅仅了解机器和使用公式的人，而是对事物有宽广视野与丰富想象力的人。无论是工程领域，还是在艺术、文学或者科学领域，缺乏富有想象力的教师就不会有创造性的工作。"仅有死的知识而缺乏想象力的人不是创造型的人。大学要培养富有想象力的人，而想象力与好奇心相连。"人之所以具有无限的好奇心，是人的特性使然、也是其发展过程所造成的。"（布雷希涅克，2010）从这个意义而言，大学应是一个让学生充满好奇心的地方。

超越不是空洞的，是实质性的，是有内容的。超越是一种权力，也是一种能力，立异或创造就是这种权力或能力的体现。在哲学史和艺术史中，有许许多多各不相同的超越典范，如亚里士多德、黑格尔、康德、歌德、莎士比亚（William Shakespeare）等。

一部教育史其实质也是一部哲学史、艺术史，一部标新立异的历史。

大学尊重这种立异与创造，也就是尊重哲学、尊重艺术、尊重超越精神。

超越精神与自由精神密不可分。在哲学中，在我、你、他的关系中，自我是自由的主体，他人相对于"我"来说，是一个自由的集合体，即社会。这个社会最根本的任务是发展成员的自由，保护、培养"我"的自由，即他人的职责就是使"我"的自由更加有保障和更加成熟。从这个意义上来理解大学与社会抑或与政治、经济的关系，就十分明了了。也只有从这个角度来说，大学的超越精神来自于大学的自由精神。

自由于人是与生俱来的，于大学也是如影随形的。大学的产生就是为了满足人们向上发展的自由，保护学者求知的自由，正如斯坦福大学"让自由之风劲吹"的校训。大学为什么重视这种自由？它是大学不可或缺的灵魂，是大学教育开创新局面的源泉，而不受制于眼前利益或历史的局限。事实证明，自由精神是古老的欧洲大学和美国一流大学富有活力、不断进取的动力之源。从这点可以反思我们近年来的几个热点问题：规模、金钱与大学发展的历史。

大学教育之体是否健全不在于规模。事实胜于雄辩。现在世界上有许多国家为了建造一流大学投入巨资，大学里高楼林立，学生摩肩接踵，如我国近年来的高校合并扩招之风盛行，然而大学教育之体并不健全。而剑桥大学作为自中世纪以来影响最大、延续最长的科学中心，目前只有 12000 名本科生、6000 名研究生，除了教堂和图书馆，校园里看不到高于 5 层的建筑物，看不到象征权力和财富的大楼。剑桥的规模在世界大学中排不到前列，而几乎在所有学科，人们都能在剑桥的历史中找到该领域的学术巨星，如牛顿、达尔文、霍金、维特根斯坦（Ludwig Wittgenstein）等。（吴忠超，2009）

1920 年，加州理工学院只有 9 名研究生、35 名本科生、60 名教师。10 年之后，研究生 138 名，本科生 510 名，教师 180 名。在美国著名大学中，加州理工学院是一所比较年轻的学府。然而，就是这所仅拥有 2000 名学生的"与斯坦福大学、加州大学比肩而立的年轻学府，撑起了与美国东部老牌学府互相呼应的西部学术大厦"。"从世界上最大的光学天文望远镜，到连接原子之间的作用力；从地震学到分子生物学；从夸克理论到太空探索，加州理工学院的科学家所起的作用都是很难被他人取代的。""它在世界现代科技史上的地位没有几所大学能够望其项背。"（蓝劲松，2003）

普林斯顿大学也是一所小而精的大学，没有最热门的法学院、医学院和商学院，却创造了许多世界第一。该校于1933年建立的高等研究所，曾经聚集了世界顶尖的科学家爱因斯坦、纳什（JohnF Nash）、杨振宁、怀尔斯（Andrew John Wiles）、克鲁格曼（Paul R. Krugman）等。在这里，没有公司赞助，没有媒体骚扰，甚至连生活也不用发愁，犹如与世隔绝"闭关修养"的修道院，只有"象牙塔"式的唯真理是求。（刘道玉，2010）

大学教育之体是否健全与金钱也并无必然联系。"功利、工具当然是很需要的，只是说不能止于功利。""学术上的事业也面对相同的问题：以前受'政治—权'的限制，近年则更多地受'经济—钱'的限制。并不是说钱和权不重要，相反，经济是基础，权更是秩序之必需。自由者之间，也有钱—权的关系，只是就自由而言，钱—权皆要为自由所用，钱—权须是自由的工具，而不是相反。"（叶秀山，2009）就像婚姻恋爱，有许多人为了钱结婚，也有人为了钱闹离婚，这本来跟经济没有关系，不是钱本身的问题，而是人的问题。

西南联大距今已逾70年，然而其地位和影响力对于今天的中国大学来说，仍然难以超越，原因何在？其实质就在于人的问题而不在于钱的问题。同样，今天的中国国力强盛，钱对于中国大学已不是主要问题，但若以"中国模式"为办出世界一流大学的必由之路，仍然只能是一厢情愿，原因何在？还是人的问题，即大学人特别是大学校长是否按教育规律来办学。

学术是自由的事业，钱—权只能为学术提供保障，但不是唯一的保障，如中东许多石油国家的大学经费、教授薪资非一般的大学可比，但这些大学对学术的贡献却无法与一流大学相比。人们往往将金钱、权力等世俗的成功和学术捆绑在一起，但经济上的成功并不意味着教育的成功。相反，对经济的有意忽视，却有可能孕育教育上的成功。剑桥虽大，但并不奢华，有的只是对学术荣誉的追求，对权力、财富和其他世俗需要的漠视，有的只是用学者名字命名的地名及满眼的自行车。剑桥人以好奇心为动力，校园里有不少行为怪异的人。这些人沉迷在形而上的世界中，做着白日梦，享受着学术的自由和创造的乐趣，甚至学位和职称在有些人眼里也不重要，如罗素的最高职称是讲师，而有"印度之子"之称的数学奇才拉马努金（Srinivasa Ramanujan）甚至连大学文凭也没有。在世人眼里，他们是最无趣的，但他们唯独在意的是心灵能够走在真正自由的道路上，他们是最有想象力和创造力的，唯此，剑桥才成为学术界的麦加、近代世界上最主要的三大科学中心之一。（吴忠超，2009）

大学教育之体是否健全，历史的作用也不是唯一的。在"二战"之后，英国政府确立"扩大高等教育规模，以满足日益增长的大学适龄人口的需要"的政策，在此政策背景下，英国沃里克大学（University of Warwick）于1965年创建。当时，参照美国社区学院的办学模式，政府为沃里克大学设计的模式是以培养本科生为主要目标的一般性大学，教学为主，不强调学术研究，职能单一。沃里克大学没有按照政府的这一要求行事，而是一开始就向剑桥、牛津等一流大学看齐，全面按照一流大学的规则办学。20世纪80年代，沃里克大学又在当时英国许多老牌大学都没有问津的情况下，率先将美国的研究生教育制度引入英国，创办了第一家研究生院，开始向大力发展研究生教育的方向发展。短短40多年，沃里克大学就以其特有的办学之道，一跃而成为知名大学，不仅大大超过同期成立的"七姊妹大学"中的其他六所大学，而且直逼牛津、剑桥以及伦敦的几所著名大学。（张俊宗，2003）日本近代高等教育的创立时间与中国大致相当，但日本大学通过短时期的苦心孤诣就具备了较强的高等教育实力，以至于与西方大学并驾齐驱。日本大学的发展之路值得我们借鉴的主要有两点：一是学习，二是专心致志。

剑桥大学、加州理工学院、沃里克大学的发展说明：在大学发展的道路上，任何类型的大学机会都是平等的，关键在于大学的办学者们敢不敢超越自己，能不能将科学、哲学、艺术融为一体，从而以敏锐的感受力、准确的判断力、不寻常的想象力和创造力创造出自我更新、自我发展的"自我"发展轨迹，让师生自觉承担学术自由和追求卓越所负的使命，积极投入学校生活与社会实践，在建设性工作和创造的欣喜中感受精神的满足和愉悦。如密歇根大学的成功之道就在于对多样性的坚定与非同一般的追求，超越美国和西方大学的既有模式，把各种特征如公立与私立、质量与规模等巧妙结合在一起，并强化为处于变革中的世界服务的能力。我国香港科技大学的发展同样说明了这个问题。

大学并不一定要大，关键是每一位教师和管理者都要有自己的教育理想，即超越精神，都是懂得"人"的；每一位学生都能发现自己，创造自己。"大学的本性是创造，创造自由，创造理想，而且，又正是自由和理想引导创造。"（张楚廷，2007）[487]思想也是创造，批判现实也是创造，指点江山是创造，超越更是创造。这一系列创造的主语可以是个人，也可以是部分人，还可以是集体。"大学就是要靠这样许多的成分来酿成一坛美酒，飘出芳香，酿成自己独特的文化，散发出卓越人才成长所必需的芳香。"（张楚廷，2007）[392-393]

芝加哥大学的"芳香"就来自历任校长的创新。芝加哥大学首任校长哈珀（William Rainey Harper）的理想是将美国式本科文理学院和德国式研究型大学进行有机结合，建设一所高水平的大学。芝加哥大学的校训是"益智厚生"，培养学生的智慧，促进学生的成长。后续校长的做法是保证芝加哥大学成为新思想、新创意的诞生地，因为"芝加哥大学比美国的任何一所高等学府都要更加着迷于自己的想法"（克尔，2008）[23]。芝加哥大学为什么能够成为获得诺贝尔奖得主最多的大学？原因在此，"芳香"也在此。

麻省理工学院的理念是"手脑并用，创新世界"。正因为这种创新的意识和紧迫感，该校教授们在心中才形成了一种共识，就是再优秀的学生在麻省理工学院也不算优秀，还必须接受更严格的学习。表现在师生们的行为上，则是学习不管时间，睡觉不分空间。大学自己创造理想，理想又引领创造。麻省理工学院于是成为世界的 MIT。

"大学是一个开放的场所，权力、知识和文化在这里发生碰撞。"（德兰迪，2010）[15]同样，"大学也是科学、哲学与艺术共生、共盛、共荣的最好家园"（张楚廷，2007）。当科学、哲学、艺术共生共荣的时候，大学的创造自然就会到来。

人类为什么逐渐拥有了高度发达的科学、技术、哲学、艺术？社会为什么能够不断创新并持续进步？这一切都是因为人类选择了教育。什么教育能同时容纳科学、哲学、艺术与创造？历史和逻辑证明，只有大学教育才能融合这一切。

总之，科学丰富知识；哲学在事物的不确定性中发展高度发达的思维能力并引领科学；艺术是人的情感和想象力的释放，最能诠释认知与思维的开放性和灵活性；而创造则涵盖了认知、动机、情感、道德和个性人格，是人和社会永不停歇的源泉和动力。集大成才能得智慧。大学教育智慧的核心是科学、哲学、艺术与创造的有机结合。当科学、哲学、艺术与创造有机融合的时候，大学教育智慧就会水到渠成，大学教育才是真正的健全的大学教育，才能促进生命的灵动，才能引领社会的智慧。也只有在这种"高峰体验"的状态下，大学教育才能自我实现。

参 考 文 献

中文文献

埃里克·古尔德，2005. 公司文化中的大学［M］. 吕博，张鹿，等译. 北京：北京大学出版社.

艾伦·布鲁姆，1994. 走向封闭的美国精神［M］. 缪青，宋丽娜，译. 北京：中国社会科学出版社，264-269.

爱弥尔·涂尔干，2003. 教育思想的演进［M］. 李康，译. 上海：上海人民出版社，226.

保罗·法伊尔阿本德，2005. 自由社会中的科学［M］. 兰征，译. 上海：上海译文出版社.

彼得·批格尔，2005. 剑桥——历史和文化［M］. 朱刘华，译. 北京：中信出版社.

伯顿·克拉克，2001a. 高等教育新论——多学科的研究［M］. 王承绪，徐辉，郑继伟，张维平，张民选，译. 杭州：浙江教育出版社，267.

伯顿·克拉克，2001b. 探究的场所——现代大学的科研和研究生教育［M］. 王承绪，译. 杭州：浙江教育出版社，19.

伯兰特·罗素，1997. 西方的智慧［M］. 崔权醴，译. 北京：文化艺术出版社，106.

伯兰特·罗素，2008. 哲学问题［M］. 何兆武，译. 北京：商务印书馆.

伯兰特·罗素，2012. 知识与智慧［EB/OL］. ［2012-08-10］. http：//blog. sina. com. cn/s/blog_5dcbb 0cd0101848y. html.

查尔斯·霍默·哈斯金斯，2007. 大学的兴起［M］. 梅义征，译. 上海：上海三联书店.

陈丹青，2010. 给清华大学美术学院的辞职报告［EB/OL］. ［2010-04-14］. http：// art. china. cn/tslz/2010-04/14/content_3463618_5. htm.

陈飞虎，2008. 生命的灵动：教师哲学智慧之表达［J］. 湖南师范大学教育科学学报（5）：17-19.

陈飞虎，2011. 适时的中庸：布鲁贝克的高等教育哲学［J］. 湖南师范大学教育科学学报（2）：59-61.

陈广仁，马惠娣，苏青，2010. 融通科学哲学艺术　培育科技创新人才［J］. 科技导报，

参考文献

28 (6)：119.

陈浩彬，汪凤炎，2013. 智慧：结构、类型、测量及与相关变量的关系 [J]. 心理科学进展 (1)：108.

陈洪捷，2002. 德国古典大学观及其对中国大学的影响 [M]. 北京：北京大学出版社.

陈晋，2009. 毛泽东的读书生涯和政治实践 [J]. 党史文汇 (8)：26.

陈士衡，1995. 论大学的生命机制 [J]. 高等教育研究 (2)：68-71.

陈之藩，2009. 蔚蓝的天·旅美小简 [M]. 合肥：黄山书社.

程大琥，陈飞虎，周绍军，2008. 教育：凸显生命的灵动 [J]. 煤炭高等教育 (3)：1-4.

戴世强，2010. 大师不是计划出来的 [EB/OL]. [2010-08-03]. http：//zqb. cyol. com/content/2010-08/03/content_3355096. htm.

德雷克·博克，2008. 回归大学之道——对美国大学本科教育的反思与展望 [M]. 侯定凯，梁典，陈琼琼，译. 上海：华东师范大学出版社.

德里克·博克，2001. 走出象牙塔——现代大学的社会责任 [M]. 徐小洲，陈军，译. 杭州：浙江教育出版社.

丁永为，2008. 费希特论大学师生关系的人学基础 [J]. 宁波大学学报（教育科学版）(2)：26.

丁肇中，2015. 从物理实验中获得的体会 [N]. 光明日报，2015-01-29 (011).

恩斯特·卡西尔，2004. 人论 [M]. 甘阳，译. 上海：上海译文出版社.

方同义，2003. 中国智慧的精神——从天人之际到道术之间 [M]. 北京：人民出版社.

费尔南多·萨瓦特尔，2007. 哲学的邀请——人生的追问 [M]. 林经纬，译. 北京：北京大学出版社.

费希特，1984. 论学者的使命人的使命 [M]. 梁志学，沈真，译. 北京：商务印书馆，41.

冯契，1996. 冯契文集（第1卷）[M]. 上海：华东师范大学出版社，413.

冯友兰，2004. 中国哲学简史 [M]. 北京：新世界出版社.

弗·鲍尔生，1986. 德国教育史 [M]. 滕大春，译. 北京：人民教育出版社.

伽达默尔，1988. 科学时代的理性 [M]. 薛华，高地，等译. 北京：国际文化出版社.

郭齐勇，2002. 大学的教育理念与目标 [J]. 中国大学教学 (10)：17.

何怀宏，2010. 为什么忧伤 [EB/OL]. [2010-08-03]. http：//www. infzm. com/content/48195.

何兆武，2009. 中学、西学与近代化 [J]. 社会科学战线 (4)：17.

贺国庆，1998. 德国和美国大学发达史 [M]. 北京：人民教育出版社.

黑格尔，1959. 哲学史讲演录（第1卷）[M]. 贺麟，王太庆，译. 北京：商务印书馆，2.

黑格尔，1983. 小逻辑 [M]. 贺麟，译. 北京：商务印书馆，39.

洪德铭，1997. 西南联大的精神和办学特色（下）[J]. 高等教育研究 (2)：10.

洪汉鼎，1997. 论实践智慧 [J]. 北京社会科学 (3)：5-6.

胡塞尔，1992. 纯粹现象学通论 ［M］. 李幼蒸，译. 北京：商务印书馆，2.

胡塞尔，1999. 哲学作为严格的科学 ［M］. 倪梁康，译. 北京：商务印书馆，2-3.

胡塞尔，2002. 哲学作为严格的科学 ［M］. 倪梁康，译. 北京：商务印书馆.

胡钰，2011. 创新精神从哪里来？［EB/OL］. ［2011-10-10］. http://www.sznews.com/ rollnews/2011-10/10/content_2573721683.htm.

怀特海，2002. 教育的目的 ［M］. 徐汝舟，译. 北京：生活·读书·新知三联书店，54.

怀特海，2004. 思维方式 ［M］. 刘放桐，译. 北京：商务印书馆.

黄堃，司鸶，2011. 走进剑桥：充溢人本精神的科学家摇篮 ［EB/OL］. ［2011-06-28］. http://edu.cyol.com/content/2011-06/28/content_4589332.htm.

黄仁忠，2010. 大学校史怎么写 ［N］. 南方周末，2010-02-25 （F30）.

黄绍鑫，黄丹，1996. 英国名家散文选 ［M］. 天津：百花文艺出版社.

纪伯伦，2006. 先知 ［M］. 冰心，译. 北京：中国国际广播出版社.

姜文闵，1998. 哈佛大学 ［M］. 长沙：湖南教育出版社，2.

杰勒德·德兰迪，2010. 知识社会中的大学 ［M］. 黄建如，译. 北京：北京大学出版社.

靖国平，2003. 论教育的知识性格和智慧性格 ［J］. 教育理论与实践 （19）：1-3.

靖国平，2004. 论智慧的涵义及其特征 ［J］. 湖南师范大学教育科学学报 （2）：14-17.

卡尔·雅斯贝尔斯，2007. 大学之理念 ［M］. 邱立波，译. 上海：上海人民出版社.

卡特琳娜·布雷希涅克，2010. 不要害怕科学——理性与非理性 ［M］. 顾嘉琛，杜小真，译. 北京：科学出版社，4.

克拉克·克尔，2001. 高等教育不能回避历史——21世纪的问题 ［M］. 王承绪，译. 杭州：浙江教育出版社.

克拉克·克尔，2008. 大学之用 ［M］. 高铦，高戈，汐汐，译. 北京：北京大学出版社，3.

蓝劲松，2003. 小而精的学府何以也成功——对加州理工学院崛起的分析 ［J］. 复旦教育论坛 （1）：67-68.

雷蒙·潘尼卡，2000. 智慧的居所 ［M］. 王志成，思竹，译. 南京：江苏人民出版社，4.

李爱民，2005. 生而长之：对大学发展的哲学反思 ［J］. 黑龙江高教研究 （4）：16-18.

李鹏飞，2010. 中国传统文化视野下的发达国家大学教育特点与启示 ［EB/OL］. ［2010-04-22］. http://www.tsgzy.edu.cn/Keyan.asp? Id=35.

李绍白，2010. 人类新曙光——巴哈伊信仰 ［M］. 澳门：新纪元国际出版社.

李小兵，1996. 我在，我思——世纪之交的文化与哲学 ［M］. 北京：东方出版社.

理查德·莱文，2010a. 亚洲大学的崛起 ［J］. 清华大学教育研究 （2）：2-5.

理查德·莱文, 2010b. 中国大学最缺评判性思维的培养 [EB/OL]. [2010-05-03]. http://news. china. com/zh_cn/news100/11038989/20100503/15919614. html.

梁志学, 2000. 费希特著作选集 (第4卷) [M]. 北京：商务印书馆, 336.

林玉体, 2006. 西方教育思想史 [M]. 北京：九州出版社.

刘宝存, 2003. 何谓大学——西方大学概念透视 [J]. 比较教育研究 (4)：7-12.

刘道玉, 2008. 怎样领导好一所大学 [J]. 高等教育研究 (5)：14.

刘道玉, 2010. 办几所象牙塔式大学又何妨 [N]. 南方周末, 2010-04-29 (F31).

刘海鑫, 刘人境, 2013. 集体智慧的内涵及研究综述 [J]. 管理学报 (2)：305-306.

刘琅, 桂苓, 2004. 大学的精神 [M]. 北京：中国友谊出版社.

刘向华, 1994. 希伯来大学 [M]. 长沙：湖南教育出版社, 2-5.

刘亚荣, 史朝, 2001. 中德高等教育质量管理学术研讨会综述 [J]. 教育发展研究 (9)：70-73.

卢红, 刘庆昌, 2001. 论教育智慧 [J]. 山东教育科研 (4)：24-26.

罗伯特·M. 赫钦斯, 2001. 美国高等教育 [M]. 汪利兵, 译. 杭州：浙江教育出版社.

罗伯特·哈里曼, 2007. 实践智慧在二十一世纪 (上) [J]. 刘宇, 译. 现代哲学 (1)：64-73.

罗素, 2009. 西方哲学史 (下卷) [M]. 马元德, 译. 北京：商务印书馆, 44.

马尔科姆·泰特, 2007. 高等教育研究进展与方法 [M]. 侯定凯, 译. 北京：北京大学出版社.

马克思, 恩格斯, 1982. 马克思恩格斯全集 (第42卷) [M]. 中共中央马克思恩格斯列宁斯大林著作编译局, 编译. 北京：人民出版社, 92.

马克思, 恩格斯, 1995. 马克思恩格斯选集 (第1卷) [M]. 北京：人民出版社.

麦克姆·格兰特, 2010. 大学设置专业不应和就业挂钩 [EB/OL]. [2010-05-05]. http://news. xinmin. cn/rollnews/2010/05/05/4731341. html.

默秋, 2009. 陈寅恪：踽踽独行的国学大师 [J]. 新华文摘 (10)：101-104.

帕斯卡尔, 2007. 帕斯卡尔思想录 [M]. 何兆武, 译. 武汉：湖北人民出版社.

潘麟, 2006. 实践概念的历史演变与马克思的哲学革命变革 [D]. 哈尔滨：黑龙江大学.

庞晋伟, 2006. 崇善的大学 [D]. 南京：东南大学.

乔治·摩尔, 2005. 伦理学原理 [M]. 长河, 译. 上海：上海人民出版社.

时东陆, 2006. 大学教育的目的 [J]. 科学 (3)：29.

眭依凡, 2010. 理性地捍卫大学：高等教育理念的责任 [J]. 清华大学教育研究 (2)：15.

唐凯麟, 2010. 当代新技术革命与人的发展 [J]. 中国德育 (2)：11.

唐纳德·肯尼迪, 2002. 学术责任 [M]. 阎凤桥, 等译. 北京：新华出版社, 3.

唐亚阳，2009. 试论大学的精神与性格［J］. 高等教育研究（11）：8-12.

滕大春，1998. 美国教育史［M］. 北京：人民教育出版社.

王鸿飞，2008a. Shils 论学术自由［EB/OL］.［2008-06-10］. http：//www. sciencenet. cn/m/user_content. aspx？id＝28558.

王鸿飞，2008b. Donald Kennedy：学术责任［EB/OL］.［2008-06-10］. http：//www. sciencenet. cn/m/user_content. aspx？id＝28558.

王南湜，2005. 辩证法与实践智慧［J］. 哲学动态（4）：3-8.

魏传光，2006. 人的"生存实践性"：马克思人学思想的核心和革命基石［J］. 中国农业大学学报（社会科学版）（3）：73-76.

魏得胜，2007. 教室就是出错的地方［EB/OL］.［2007-12-18］. http：//www. infzm. com/content/1969.

吴忠超，2009. 从剑桥八百年谈起［EB/OL］.［2009-09-03］. http：//www. infzm. com/content/34109.

希尔德·德·里德—西蒙斯，2008. 欧洲大学史（第1卷）——中世纪大学［M］. 张斌贤，程玉红，和震，等译. 保定：河北大学出版社，28.

肖宪，张宝昆，2005. 世界上最成功的教育——犹太教育揭秘［M］. 北京：中国工人出版社，32.

笑蜀，2010. 教育家办学需要最高力量推动［N］. 南方周末，2010-02-11（E21）.

谢维俭，2006. 重新认识马克思所说的"自由人的联合体"［J］. 毛泽东邓小平理论研究（10）：53-57.

徐长福，2004. 论亚里士多德的实践概念——兼及与马克思实践思想的关联［J］. 吉林大学社会科学学报（1）：56-62.

徐长福，2005. 实践智慧是什么与为什么——对亚里士多德"实践智慧"概念的阐释［J］. 哲学动态（4）：9-14.

徐楠，2010. 梁从诫：今生为绿，来世为公［N］. 南方周末，2010-11-04（A08）.

徐中玉，2006. 大学语文［M］. 上海：华东师范大学出版社，128-129.

许智宏，2010. 中国暂无世界一流大学［EB/OL］.［2010-04-15］. http：//www. jmnews. com. cn.

薛涌，2009. 北大批判——中国高等教育有病［M］. 南京：江苏文艺出版社，166.

薛涌，2010. 中国对"世界一流大学"的误解［EB/OL］.［2010-03-24］. http：//xueyongblog. blog. 163. com/blog/static/13252142420103219210997/.

雅罗斯拉夫·帕利坎，2008. 大学理念重审——与纽曼对话［M］. 杨德友，译. 北京：北京大学出版社.

雅斯贝尔斯，1991. 什么是教育［M］. 邹进，译. 北京：生活·读书·新知三联书店.

亚伯拉罕·弗莱克斯纳，2001. 现代大学论——美英德大学研究［M］. 徐辉，陈晓菲，译. 杭州：浙江教育出版社.

参考文献

亚里士多德，1959. 形而上学 [M]. 吴寿彭，译. 北京：商务印书馆.

亚里士多德，1999. 尼各马科伦理学 [M]. 苗力田，译. 北京：中国社会科学出版社.

杨东平，2003. 大学精神 [M]. 上海：文汇出版社，17.

杨国枢，2000. 大学之理念及其实践 [M]. 台中：逢甲大学与台湾通识教育出版社.

杨立德，2005. 西南联大的斯芬克司之谜 [M]. 昆明：云南人民出版社.

姚忆江，2010. 天下和静在民乐 [N]. 南方周末，2010-05-20 (B10).

叶澜，1998. 新世纪教师专业素质初探 [J]. 教育研究与实验 (1)：41-46.

叶秀山，2009. "学问"的自由与"自由"的学问 [J]. 社会科学战线 (6)：37.

伊曼努尔·康德，2005. 论教育学 [M]. 赵鹏，何兆武，译. 上海：上海人民出版社，15.

伊曼努尔·康德，2008. 什么是启蒙运动 [EB/OL]. [2008-05-11]. http：//www.douban.com/group/topic/3162074/.

余华东，2005. 论智慧的核心和关键 [J]. 河池学院学报 (哲学社会科学版) (4)：28.

约翰·S. 布鲁贝克，2002. 高等教育哲学 [M]. 王承绪，郑继伟，张维平，等译. 杭州：浙江教育出版社.

约翰·杜威，2001. 民主主义与教育 [M]. 王承绪，译. 北京：人民教育出版社.

约翰·亨利·纽曼，2001. 大学的理想 [M]. 徐辉，顾建新，何曙荣，译. 杭州：浙江教育出版社.

约翰·洛克，1999. 教育漫话 [M]. 傅任敢，译. 北京：教育科学出版社，117.

詹姆斯·杜德斯达，2005. 21 世纪的大学 [M]. 刘彤，主译. 北京：北京大学出版社.

张斌贤，孙益，2004. 西欧中世纪大学的特权 [J]. 北京师范大学学报 (社会科学版) (4)：16-22.

张楚廷，2004. 高等教育哲学 [M]. 长沙：湖南教育出版社.

张楚廷，2005. 大学：一个大写的"学"字 [J]. 高等教育研究 (10)：1-3.

张楚廷，2006. 哲学与创新 [J]. 现代大学教育 (6)：38-41.

张楚廷，2007. 张楚廷教育文集 (第 4 卷) ——校长叙论 [M]. 长沙：湖南教育出版社.

张楚廷，2009. 教育就是教育 [J]. 高等教育研究 (11)：1-7.

张楚廷，2011. 大学的"我思故我在" [J]. 大学教育科学 (6)：106.

张敷荣，1948. 知识和智慧——大学教育目标的重新抉择 [J]. 教育半月刊复刊 (5).

张俊宗，2003. 经营大学：沃里克大学的办学之道及其成功启示 [J]. 黑龙江高教研究 (2)：19.

张开逊，2015. 探究艺术在科学活动中的价值 [J]. 科技导报，33 (1)：15.

张良，1998. 我看到了一个平凡的北大 [J]. 南风窗 (5)：11-13.

张雄，速继明，2008. 历史进步的寓意———关于历史普遍性与历史特殊性的解读

［J］. 哲学动态（12）：5-10.

赵馥洁，1995. 中国古代智慧观的历史演变及其价值论意义 ［J］. 人文杂志（5）：25-30.

赵晓力，2007. 学术自由、大学自治与教授治校 ［J］. 明日教育论坛（1）：68.

赵鑫珊，2001. 什么是大学精神 ［EB/OL］.［2001-02-13］. http：//www. aisixiang. com/data/38684. html.

郑也夫，2009. 教育部该当中国第一大部 ［EB/OL］.［2009-03-25］. http：//www. infzm. com/content/26047.

仲丽娟，2008. 回归教育智慧 ［J］. 黑龙江高教研究（12）：99.

周光迅，等，2006. 哲学视野中的高等教育 ［M］. 青岛：中国海洋大学出版社.

朱邦复，1999. 智慧之旅 ［M］. 香港：香港文化传信有限公司.

朱有瓛，高时良，1987. 中国近代学制史料（第2辑上册）［M］. 上海：华东师范大学出版社.

邹吉忠，2008. 从真理到智慧——马克思主义哲学研究30年的逻辑进程与初步反思 ［J］. 教学与研究（9）：29.

英文文献

Abraham Maslow, 1968. Toward a Psychology of Being ［M］. New York：D. Van Nostrand Co.

Bruce Lloyd, 2006. Wisdom & Leadership：Linking the Past, Pre sent & Future ［EB/OL］.［2006-07-29］. http：//www. wisdompage. com/blloyd02. html.

Clark Kerr, 1991. The Great Transformation in Higher Education ［M］. New York：State University of New York Press.

Copthorne Macdonald, 1993. Toward Wisdom ［EB/OL］.［1993-10-01］. http：//www. isn. net/info/tw-ch01. html.

Copthorne Macdonald, 2006. Wisdom：The Highest Aim of Life and Higher Education ［EB/OL］.［2006-04-05］. http：//www. wisdompage. com/rolli-nstalk. html.

Don Cochrane, 2008. Wisdom：A First Approximation ［EB/OL］.［2008-05-10］. http：//www. isn. net/info/dc-essa. html.

E. F. Schumacher, 1975. Small is Beautiful ［M］. New York：Perennial Liberary.

Howard Gardner, 2000. Intelligence Reframed：Multiple Intelligences for the 21st Century ［M］. New York：Basic Books.

Jeffrey A, & Scott C, 2009. The Wisdom Development Scale：Further Validity Investigations

参考文献

［J］. Aging and Human Development （4）: 289-320.

Jeffrey Dean Webster, 2003. An Exploratory Analysis of a Self-Assessed Wisdom Scale ［J］. Journal of Adult Development, 10 （1）: 13-22.

John Meacham, 1990. Wisdom: Its Nature, Origins, and Development ［M］. New York: Cambridge University Press.

Karl Jaspers, 1965. The idea of the university ［M］. London: Peter Owen Ltd, 19.

Lynn Thorndike, 1944. University Records and Life in the Middle Ages ［M］. New York: Columbia University Press.

Martin Seligman, 2002. Authentic Happiness: Using the New Positive Psychology to Realize Your Potential for Lasting Fulfillment ［M］. New York: The Free Press, 137-145.

Masami Takahashi, 2000. Toward a Culturally Inclusive Understanding of Wisdom: Historical Roots in the East and West ［J］. International Journal of Aging and Human Development （3）: 51.

Nicholas Maxwell, 1984. From Knowledge to Wisdom ［M］. Oxford: Basil Blackwell, 66.

Nicholas Maxwell, 2004. Is Science Neurotic? ［M］. London: Imperial College Press.

Nicholas Maxwell, 2007. Wisdom in the University ［J］. London Review of Education （2）: 5.

Nicholas Maxwell, 2009. Are Universities Undergoing an Intellectual Revolution? ［J］. Oxford Magazine （290）: 13-16.

Paolo Blasi, 2004. The Contribution of Higher Education and Research to the Knowledge Society ［EB/OL］. ［2004-09-23］. http: //www. wisdompage. com/.

Parker Palmer, 1998. The Courage to Teach: Exploring the Inner Landscape of a Teacher's Life ［M］. San Francisco: Josey-Bass.

Paul Winkand Ravenna Helson, 1997. Practical and Trancendent Wisdom: Their Nature and Some Longitudinal Findings ［J］. Journal of Adult Development, 4 （1）: 1-15.

Richard Hawley Trowbridge, 2005. The Scientific Approach of Wisdom ［EB/OL］. ［2005-10-30］. http: //www. wisdompage. com/The Scientific Approach to Wisdom. doc.

Richard K Wagner, 1986. Practical Intelligence: Nature and Origins of Competence In the Everyday World ［M］. New York: Cambridge University Press, 361-378.

Richard Nisbett, 2003. The Geography of Thought ［M］. New York: The Free Press.

Richard Paul and Linda Elder, 1999. The Miniature Guide to Critical Thinking: Concepts and Tools [J]. Foundation for Critical Thinking.

Richard Pauland Linda Elder, 2002. The Miniature Guide to Taking Charge of the Human Mind [J]. Foundation for Critical Thinking.

Robert Sternberg, 1990. Wisdom: Its nature, origins and Development [M]. England: Cambridge University Press, 230-243.

Robert Sternberg, 1998. A Balance Theory of Wisdom [J]. Review of General Psychology (4): 2.

Scott C. Brown, 2004. Learning Across the Campus: How College Facilitates the Development of Wisdom [J]. Journal of College Student Development (2): 45.

Shih-Ying Yang, 2001. Conceptions of Wisdom Among Taiwanese Chinese [J]. Journal of Cross-Cultural Psychology, 32 (6): 662-680.

索　引

后 记

　　岳麓山上的枫叶绿了又红，红了又绿。屈指算来，我已在湖南师范大学断断续续学习了 11 个年头。这里不仅是个学习的园地，还是个锻造人的地方。在这里，师友之间那种摸索与探究的求是精神是我最深刻的体会和最宝贵的财富，其中我的硕士生导师程大琥先生和博士生导师张楚廷先生对我影响至深。

　　程大琥先生特别关注深远的东西：今天的学生未来状况会怎样？民族、国家的未来会怎样？汉字文化如何走向世界并普及到全世界？程大琥先生有执着于成为"教育家"的理想与情怀，并为我们提供了一个从教师职业走向创业的典范，一个普通大学教师自己开发教育资源的典范，更为我们提供了一个融家国情怀与师生情谊于一体的典范。说到底，就是一种站在教师的立场上思考问题、研究问题、解决问题的理想主义典范。

　　张楚廷先生初治数学，兼爱文学，于数学之中见人文。后精博教育学，治课程与教学论、高等教育学，名著内外。晚近自觉于教育哲学，对人及其教育之义理，考释最精。先生著述颇丰，发表论文 1300 余篇，独著学术著作 80 多部，撮其粹以为《张楚廷教育文集》。先生通达，名成无期于述，思成无羁于纲常名教，每抱是非，辄能挥洒成篇，其作绵绵不止，篇篇有人，通篇见人。

　　张楚廷先生不受束缚，生怕束缚的思想与言行，于我为人为文影响最深。先生治学的良好习惯与方法于我受益终身。先生独立之精神，自由之意志，励我不断前行。

　　从小学、中学、大学到研究生，我经历了中国教育的诸多阶段。大学毕业之后，成人教育、自考、高等职业教育、全日制大学本科（包括独立学院）等中国高等教育之不同形态，我悉数参与其中，其间还从事过某大学出版社的编辑工作。作为高校教师，我体验过想说就说、来去两无踪的快乐，也体验了"脱离"学生的无归属感；作为高校教学管理人员，我经历了与学生和同事交流的喜悦，也体验了权力对思考的压制，更多的是僵化与麻木的同在。

　　中国大学教育问题太多，原因不胜枚举。但不管是文化传统抑或是教育体制的问题，只要大学真想有所作为，哪怕是"床头底下"也还是可以跳舞的，如不管行政权力如何大于天，大学狠抓课堂教学质量总不会有错；不管外面风云如何变幻，大学善待学生并发展学生的智慧永远也不会过时，等等。其实，大学里真正缺乏的就是这种"自我跳舞"的雄心，缺乏的就是雅斯贝尔斯所言的"创造性的文化生活"，进而缺乏想象力、缺乏自我智慧及引领社会智慧的"志与气"。

　　至于拙作的成文，多得益于张楚廷先生的指导与厚望。开题之前，与先生前后四次面谈，每次忐忑而去，踏实而回。题目由大学实践智慧、大学智慧最后定为大学教育智慧论。开题报告也三易其稿。先生对我国大学教育之忧思日见深重，思想也日渐深刻。先生于我要求甚高，对拙文写作要求甚严，但绝不啰唆，一句话：要出真思想。

　　小说家米兰·昆德拉说："只有散文，才是生活的真实面孔。"如果说教育是一种生活，那么教育论文的写作就是生活的具体内容。我很不习惯先概念考证、内涵界定，再结论延伸的论文写作方式，也不习惯四平八稳的八股式写作，总感觉到一种沉重。如关于自由教育的论文就有很多，基本上都是一种写作套路，如自由教育的含义和性质、自由教育的历史考察、自由教育的核心或灵魂、自由教育的历史必然，等等。诚然，这些都是我们应该了解的，但如果演化成一种套路，就有点应用写作的味道。我教过应用写作，知道这意味着什么。倒叙一下，插叙一下，疑问一下，甚至轻松一下，也是一种贡献。写作不应八面玲珑，只要清楚地表达思想就行。

华罗庚一篇 900 多字的《统筹方法》，让从未接触过统筹方法的我们在简简单单、不知不觉中就知道了什么是统筹方法，而且还印象深刻。从华罗庚的反面，我知道为什么我们有些学术文章让人望而生畏。

从张楚廷先生的身上，我还知道严肃的学问、高深的理论也可以化成一首首有关生命与自由的颂歌。从先生的身上，我知道了严肃的学术并不只有一个面孔。观念堆积的"青山"，思想汇成的"绿水"，更能感染人，说服人，就如一位长者站在绿草边上，面含微笑地说："孩子们，你们就是大学，让你们成为自己吧。"看先生的文章总感觉在读散文，感人而深刻。这是一种真正的超越。

大家都说中国没有教育学，是因为许多的论著爱从"关系"中去找人，因而让人看不到人；喜欢去"雕琢"人，因而人不成其为"人"。我也尝试着"自己成为自己"，于是，每天胡思并乱想着，没有套用别人的理论，也没有从"关系"中去找人。前三章，我是先写作，写完之后，再根据内容整理提纲，感觉比较畅快。后两章，我先编写提纲，再根据提纲写作，感觉比较滞涩。看来，"自己成为自己"不能只停留在短暂的尝试上，就如对智慧的追寻，只能永远在路上。

拙作在近四年的积累和构思过程中，受到了师长和同学们的许多影响，参考了不少著作、论文和最新的网络资料，更多的是自己的一些思考和想法。许多古代哲学家都深信，智慧是最牢固和最可靠的堡垒，既不能被攻破也不能被出卖，因为智慧的堡垒是由不可动摇的理性构筑而成的。大学教育智慧不是一般的小聪明或我们常说的明智，与通常所说的知识也是不同的，它标志着一个至高无上的、永恒无限的理想境界。

大学教育也是常变常新的，因此，对大学教育智慧的理解也需要存着虚心学习的意志和重新调整的勇气并随时创新。

由于智慧是如此的优越和如此的强大，因此，大学教育智慧之探索是一个艰难的课题，需要学识、经验和心力的积累。本书想要做的，不在于从中找到许多无价的事实，不在于它所给予的答案，而在于它所提出的问题与焦虑。对于那些与平常不同的观点，我已经将我的意思尽可能简单地表达了出来，但有些方面还不太成熟，经不起推敲，姑且算是一种"探究式学习"吧。

对于给予我关心、引导及无私帮助的老师与朋友，我将铭记在心。感激我至爱的妻子，是她翻新了我的人生页码，并帮我走出生活的低谷；是她努力工作，尽心抚育小孩，让我安心求学，没有后顾之忧。头发花白的岳母，从衡阳来到长沙，照顾我的家庭达十一年，任劳任怨，无私付出，背后更有岳父的默默支持。我那聪明可爱、博学多才的儿子，陪我一起读书、下棋、散步，帮我将求学的压力直接转化为了动力。

承蒙教育科学出版社的厚爱，让拙作得以出版。特别感谢刘灿主任的赏识和张璞编辑的辛勤劳动与无私帮助！祝"教育博士文库"越办越好！

陈飞虎
二〇一六年秋日于长沙